JN158036

ヒマラヤ大聖者の幸運を呼ぶ生き方

「与える人」が最も豊かになる

ヨグマタ
相川圭子

廣済堂出版

はじめに

あなたの与えたものが、あなたの受け取るもの

日本は素晴らしい国ですね。経済的にも豊かで、平和で快適です。

でも、ふとした瞬間、むなしさを感じることはありませんか？

疲れてしまうことはありませんか？

国連の「世界幸福度レポート」（２０１７年度版）を見ますと、日本は、幸福度では世界51位だそうです。自殺者の数も、今も多いままです。

私のところにも悩みを抱えた方が、数多く相談にいらっしゃいます。みなさん、一見、何不自由なく暮らしているように見えて、不安や不満、焦りや憂うつ、孤独を感じているのです。

なぜ幸せになれないのでしょう？

心が満たされないのは、なぜでしょう？

それは、「欲しい」という欲望のせいではないでしょうか。もっとお金が欲しい、もっといい家に住みたい、いい仕事がしたい、地位や名誉が欲しい、認めて欲しい、愛して欲しい……など、多くの人が、何かを得ること、与えてもらうことばかりにやっきになっているかもしれません。

けれど、**欲は、新たな欲を引き寄せるもの**です。

何か一つ得れば「もっと欲しい」、また何かを得れば「もっと」と、欲望にはキリがありません。そして欲望は「あの人のほうがもっと多く持っている」と他者を妬《ねた》んだり、「あの人には負けた」と他者と比較してコンプレックスをつくるなど、さまざまな悩みや苦しみを生み出す原因となってしまうのです。

もちろん、中には欲しいものがすべて手に入って満足をしている人もいます。しかし、そういう人も、一見幸せなのですが、何かが満たされないのです。そして不安なのです。

今までの生き方でほんとうの幸せが得られるのでしょうか。そろそろその生き方を変えるときなのです。

ほんとうの幸福を願うなら、思い切ってこれまでとはまったく反対の生き方をしていくのです。**「欲しい」「もっと」と何かを得ようとする生き方ではなく、シェアし与える生き方にシフトチェンジするのです。**

でも「与えたら、自分のものが減ってしまうのでは……」と心配ですか？

確かに、現実の目に見える世界では、たとえばコップの水を半分誰かにあげれば、半分に減ってしまいますね。これまでの考えですと、そこで「損をした」とカッカし、相手のことを「遠慮を知らない人だ」などと内心腹立たしく思ったかもしれません。

そんなあなたにぜひ知っていただきたいのが、**ヒマラヤ秘教の叡智《えいち》**です。

ヒマラヤの聖者は、サマディと呼ばれる究極の悟りを得て、宇宙の真理を体験しました。そして、私たち人間の内側にひそむ真の幸福につながる秘密の鍵を発見したのです。

その教えの一つによれば、宇宙には、ある確かな法則が存在するのです。

それは、**「与えたものと同じ質のものが返ってくる」という法則**です。

あなたが感謝を与えれば、感謝が返ってきます。

あなたが愛を与えれば、愛が返ってきます。

与え続けることで、コップの水は減るのではなく満たされ続けるのです。

あとの章でも詳しく説明しますが、これは「カルマの法則」といって、宇宙（神）の普遍的な真理であり、ただ一つの例外もありません。逆にいえば、自ら与えなければ、何も得られないということです。

小さな親切を積むのもいいでしょう。

困った人に手をさしのべるのもいいでしょう。

つねに愛と感謝と思いやりを、まわりの人に与えましょう。

見返りを期待せず人に尽くし、良きことのために喜んでお金をつかいましょう。

与えたことで、神の愛と祝福が注がれます。

宇宙が全力であなたのサポートに動き出すのです。

突然夢が叶ったり、思わぬところからチャンスが運ばれてくることもあるでしょう。心から信頼し合える仲間やパートナーと巡り会うかもしれません。

無理してがんばらなくても、自然に思い通りの人生を生きられるようになるのです。

本書では、そんな**与える生き方の智恵**をお伝えします。

あなたの運命がどう変化するか。どうぞその過程をお楽しみください。


ヒマラヤの恩恵によって、あなたの魂が目覚めますように。

そして、より豊かで実り多い人生を謳歌《おうか》されますように。

私、ヨグマタは、あなたにサマディからの愛をシェアします。

ヨグマタ　相川圭子

ヒマラヤ大聖者の幸運を呼ぶ生き方　目次

第1章 「足るを知る」ということ
——あなたにとってのほんとうの幸せとは何ですか？

第2章

善行をすると、もっと楽に生きられる

——なぜ、相手を助けることが大切なのか？

第3章

愛と感謝を捧げる

――与えるだけで、あなたの「力」が引き出される

第4章　ほんとうに大切なものを与える

——幸福の種を育む「与える生き方」

第1章

「足るを知る」ということ

――あなたにとってのほんとうの幸せとは何ですか？

過去の行いが、今のあなたをつくります。
今の行いが、未来のあなたをつくります。
人生は自分でデザインできるのです。
今日から、これまでと違う
生き方を選びましょう。

たとえば、上司からやりがいのある新しい仕事を任されたとします。

そんなとき、「どうしよう。私にできるだろうか……」と不安で尻込みする人もいれば、「チャンス到来！　よし、がんばろう」と張り切る人もいます。

両者の違いは何でしょう？

親から受け継いだＤＮＡの違いでしょうか、それとも学歴？　性格？

そうです、**カルマの違い**です。心の内側の体験の記憶の違いなのです。

カルマという言葉を聞いたことがありますか？

カルマとは、サンスクリット語で「行為」のことをいいます。仏教用語では「業《ごう》」と訳されます。私たちは計りしれない生と死を繰り返して今を生きています。輪廻転生《りんねてんしょう》です。そしてすべての過去生と過去の「行為」が記憶となって心に蓄積されているのがカルマです。行為そのものもカルマなのです。

「行為」の中には、「行い」そのものもあれば、あなたが口に出した「言葉」、心に抱いた「思い」など、すべてが含まれています。

そして**「自分のしたことは、いつか自分に返ってくる」**のです。

ものごとには原因と結果があります。今起きている状況は、すべて過去のカルマが原因となって引き起こされた結果なのです。

たとえば、今、まわりの人を信用できない人は、過去生で誰かに裏切られたカルマを持っているのかもしれません。お金がないと不安でたまらない人は、子どもの頃、お金が原因で両親がケンカを繰り返す場面を見ていたなど、何かつらい思いをしたのかもしれません。

悪い記憶ばかりではありません。過去に心地よい体験をしたことが、「もう一度味わいたい」という欲望や執着につながることもあります。

これがカルマの法則と呼ばれるものです。

同じ体験をしても人によって受け取り方や感じ方が違うのは、カルマが違うからです。心に積み重なったカルマが、その人の行動パターンや思考や感情のクセとなり、それが、それぞれのキャラクターを形成します。つまり、過去の自分が今の自分につながるということです。

さてここからが大切です。過去の自分が今の自分につながり、それは未来の自分につながります。

今のあなたのすべての「行い」があなたをつくるのです。

無意識につぶやいた誰かの悪口は、何かの形でいつか必ず結果となって自分に返ってきます。カルマは科学的な機能です。その扱い方に知恵が必要です。これらのカルマの法則をつくられた大いなる意識の存在は、人々にカルマに気づかせ、成長する機会を与えてくれているのです。

カルマの法則はスーパーコンピュータ並みに正確です。現実世界で起こることに偶然はありません。すべては必然なのです。

つねに良い原因を心掛けると、必ずご褒美につながる良い結果が出るとは、なんと希望ある人生なのでしょう。そのことにもっと注意を注ぐべきです。これがカルマの法則なのですから。

愛が欲しければ、自分から率先して愛を与えましょう。

幸せになりたければ、あなたがまず人に幸せをあげましょう。

あなたの人生は、あなた自身の行いで良きものに変えていけるのです。

欲しいものを手に入れても、
すぐに違うものが欲しくなる。
「欲しい」「欲しい」と求めるだけの生き方に、
ほんとうの幸福はありません。

私たちがこの世に生まれてくるのは、過去生でカルマがやり残したことを叶えるためです。この願いを叶えたい、そんな強い欲望に導かれて、あなたは何億年という途方もない時の中で輪廻転生を繰り返してきました。

あなたはどんな望みを持っているのでしょうか。誰もが成長したいと望んでいることでしょう。もっと幸せになりたいと思うことでしょう。その人の境遇によって、さまざまな願いを持っていることと思います。その気持ちがあるから、皆、生きるための努力をしています。

まわりを見たり、さまざまな情報を得たり、親の生き方から学んだり、社会から情報を得たりしながら、生きることを学んでいきます。幸せを求めて生きていきます。

もっと大きな家があったらどんなに幸せだろうかと、一生懸命に働いている人もいます。学ぶことが幸せであると思っている人もいるでしょう。そんな人は次から次へと資格を取っているのでしょう。もっと出世をして、みんなに晴れの姿を見せたい、と考えている人もいるかもしれません。また、素敵な相手と出会って、結婚をしていい家庭を築きたい、と思っている人がいるかもしれません。

こうしたあなたが描く夢や目標は、たまたま思いついたのではなく、あなたの深い体験からの価値観、つまり、カルマの願いが思わせたものです。

願いは、つまり欲望は、それ自体決して悪いことではありません。

社会全体でいえば、欲望が原動力となって経済が発展し、生活を豊かにするさまざまなテクノロジーが進化しました。個人のレベルでも、欲望があるから自己成長へのモチベーションが高まります。

しかし、今、願っているカルマの願いは、いつまでに実現したいのか、実現したらどう幸せになるのか、あなたがほんとうに必要なものは何なのか、ちょっと立ち止まって考えていただきたいのです。

欲望には天井がありません。いったん手に入れても、「まだ足りない」「もっと欲しい」と求め続けてしまうというものであるのです。

時に手に入らないもの、叶わないものは、飢餓感という苦しみとなります。

そして、手に入れれば入れたで、今度は執着という苦しみが生まれます。

たとえば、「やっと昇進したこの役職を、誰かに取られないか」などと必死で抱え込み、他人を信頼しない、それが執着といわれるものです。

また、せっかく恋愛で好きな人と一緒にいても、ほかの魅力的な人のところへ行ってしまうのではと不安になり、幸せを味わっていないとか、これも典型的な執着です。執着が生まれると、人を疑い、信用できなくなってしまいます。

貯めたお金もいつなくなってしまうかと心が不安になるという人がいます。

何も持っていなければ自由なのですが、つねに「失うまい」とビクビク怯《おび》え、自己防衛し、緊張して生きていかなければならないのです。

すべては変化していきます。こうした中で何をどうしたら真に幸せになることができるのでしょうか。ほんとうの意味で心が平和になるにはどうしたらよいのでしょうか？

その答えはヒマラヤの叡智の中にひそんでいます。これから少しずつ解き明かしていきましょう。

ほんとうのあなたは、
光り輝くダイヤモンドのような存在です。
もともと才能にあふれ、
パワーに満ちているのです。
さあ、あなたの内側の扉を開けましょう。

あなたが「これが私」と思っている「私」は、ほんとうにあなたでしょうか。「えっ！　今ものを考えたり、喜んだり怒ったり悲しんだりしている自分。これが私じゃないんですか？」

そんな声が聞こえてきそうです。確かに、いろいろな思考や感情を持っているのがあなた。今、「えっ！」と驚いたのもあなたですね。

ただ、**そのあなたは、心のあなた**です。

心には過去のすべての記憶、つまりカルマが幾重にも重なり刻まれています。

心には、自分の過去の記憶と同類のものをまるで磁石のようにくっつける性質があるので、欲、執着、虚栄心、嫉妬心、不安、心配……など、とにかくさまざまなものを引き寄せてしまうのです。そこには、過去の体験から得た常識や価値観なども含まれています。

そして、そのカルマでガチガチに固まった心で、「幸せになるにはどうしたらいいんだろう？」と、日々悶々《もんもん》とすごしているのが、現代を生きる大半の人々です。

お金のこと、仕事のこと、人間関係、将来のこと……。悩んでも、悩んでも、まるで出口のない迷路にはまり込んだように答えが見つかりません。

それでは、心に蓄積され、こびりついたかのようなカルマをどんどん溶かし、剥《は》がしていったとしたらどうなるでしょう？

そこに現れるのは、**魂**です。

魂とは、純粋で穢《けが》れのない、光り輝くダイヤモンドのような存在です。深い愛があり、すべてに通じる叡智があり、平和と豊かさに満ちています。

それは個人の魂です。セルフ、自己です。

さらにこれにつながるのが、宇宙の魂、それがハイヤーセルフ〈ほんとうの自分〉なのです。

すべての源である創造主は、大いなる存在、宇宙の魂であり、神であり、〈ほんとうの自分〉なのです。

宇宙の魂である神は、海にたとえられます。そこから汲みとったコップ一杯の海の水が個人の魂であり、神と同じクオリティを持つ存在なのです。つまり、あなたの魂は神の分身なのです。

こんな話を聞いても、私は苦しいばかりで、才能もない、神などいないと言う人がいます。

でも、**〈ほんとうの自分〉は、誰の中にも存在するのです。**気づいていないだけで、外側のあなたが泣いたり笑ったりと日々揺れ動き、試行錯誤しながら生きる姿を、内側から超然と見つめているのです。

たとえ、あなたが自分に自信が持てず、「どうせ私なんか……」と自己否定したとしても、あなたの奥深くには、もうすでに豊かな才能とパワーがあります。

汲めども、汲めども尽きることのない無限の可能性があるのです。

まず、〈ほんとうの自分〉の存在を信じましょう。

そして、〈ほんとうの自分〉につながりましょう。

内なる神の力をいただくことで、あなたの人生は、まるで奇跡の連続のようにうまくまわりはじめるのです。

欲を手放すのは難しいと思っていませんか？

人のために、
喜んで自分の時間とお金をつかいましょう。
人の幸福や成功を心から祈りましょう。
与えれば、与えるほど、
あなたの心と体は浄《きよ》められていきます。

心には、カルマがどんどん積まれ、大いなる存在である〈ほんとうの自分〉が曇って見えなくなっています。「欲しい、欲しい」と求める回路ばかりつかって、カルマをつくり続けてきたからです。

これ以上、心を曇らせるカルマを積まないために、欲を手放すことです。

でも、欲を手放すのは難しい……。何もいらないと思い込もうとしても、本心でない限り、疲れます。同様に「いい人、理想の人になろう」と思うことも一見、正しく見えて、やはりそれも心の欲でありカルマなのです。

無理をして欲を手放すのではなく、いったん欲はそのままに、まずは善行、つまり、意識して「与える行為」を日常生活にプラスしていくといいでしょう。

与える行為には、「身《しん》・口《く》・意《い》」の三つがあります。

「身」は身体をつかって与えること、「口」は言葉をつかって与えること。そして「意」は思いを与えることです。最初は簡単なことからはじめてみましょう。

○「身」
家のまわりを掃《は》く
電車で席を譲る
公共の場などでゴミを見つけたら拾う
お茶やお料理をふるまう

○「口」
明るい声で挨拶する
「大丈夫ですか？」など、思いやりのある言葉をかける
「ありがとうございます」とお礼をする
グチや人への悪口、批判を言わず、ポジティブな言葉をつかって話す

○「意」
人の幸せや成功を祈り、達成したら共に喜ぶ
人を気づかい、共感する
つねに感謝の気持ちを持つ

こうした**与える行為の中で最も効果的なのが、お金を差し出すことです。**お金は大切なものです。その大切なものを見返りを期待せずに捧げることで、欲や執着が浄化され、心はだんだん落ち着いて穏やかになっていきます。

ただし、差し出すといっても、身近な友人などの個人に「お金をあげる」のは愛ある行いとはいえません。人にあげれば、その人の依存心や執着心を増長させてしまいます。

お金は、あなたやまわりの人の真の成長のため、そして社会全体を豊かにするために捧げたいものです。お布施や寄付をしてみてはいかがでしょう。

インドでは、昔から豊かな人もそうでない人も、率先して寺院やマスターにお布施を行ってきました。お金を捧げることは、今生でできる最高の善行であり功徳だと考えられているからです。

思い切って大きく捧げ与えることで、大きく欲や執着がはずれ、心のカルマが浄化されるのです。心が変容して楽になるのです。〈ほんとうの自分〉に近づき、より愛や叡智が生まれ、心が平和になるのです。

あなたの内側に深い静寂が訪れます。
ものもお金も、何も持っていなくても、
満ち足りて幸せなのです。
これが、ヒマラヤが教える
究極の「気づき」です。

〈ほんとうの自分〉は、目には見えません。あなた一人でアクセスしようとすると道に迷ってしまうことがあります。

やはり、悟りを開いたマスター（師）の正しいガイドが必要です。**日常生活で「与える善行」を積むと同時に、ぜひ聖なる修行を体験、実践されることをおすすめします。**

ここでヒマラヤ秘教について、少し紹介します。

ヒマラヤ秘教は、今から5000年以上前、ヒマラヤで修行した聖者が、仏教でいうところの涅槃《ねはん》＝悟りの境地を得たことにはじまりました。

聖者は、死を越える深い瞑想から究極のサマディ（悟り）に入り、神と一体となり宇宙の真理を知ったのです。ヒマラヤ秘教は、そこで得た真理を、人々が幸福に生きるための叡智として、今日まで連綿と伝え続けてきたのです。

それでは、究極のサマディとはいったいどんなものでしょう。

私は、10代後半にヨガに出会い、さらに40代からヒマラヤの秘境にて厳しい修行を重ね、究極のサマディに達し、解脱《げだつ》をしました。

その後、数年してから年1回、通算18回、「公開アンダーグラウンド・サマディ」を行いました。それは空気も水もない完全に密閉された地下の洞窟で、4日間究極のサマディに没入し、復活して人々に祝福を与えるものです。

「そんなことをして生きていられるのですか？」とお思いでしょう。

心と体が完全に浄化されると、深い静寂になり、呼吸が自然に止まります。でも、それは死ではありません。そして死を越え、究極のサマディで神と一体になり、何日もの時がすぎて、再び魂が肉体に戻ってくるのです。

何百年に一人が成功する厳しい修行で、過去、何人もの聖者がサマディで命を落とされているのも事実です。

私はこの厳しい修行を経て、シッダーマスターとなりました。現在そう呼ばれるのは、世界で私とインド人のパイロット・ババジの二人だけです。

さて、ヒマラヤ秘教の伝統では、私のようなシッダーマスターが、あなたにディクシャ（160ページ参照）という高次元のエネルギーを伝授します。

その存在は、体と心のカルマを浄化し、〈ほんとうの自分〉への扉を開きます。

ヒマラヤ秘教のみができる秘術です。あなたは変容し、救済され、生まれ変わります。「受け取る」から「与える」回路に切り替わるのです。

また、私はそのときにマントラと呼ばれる聖なる波動を与えます。この聖なる波動と共に日々瞑想することで、あなた自身にもやがて深い静寂が訪れます。**カルマが浄化され、内側から満ち足りて、深い安らぎに抱かれるのです。これがほんとうの幸せです。**この絆で一つの悟りが起こるのです。

ヒマラヤの聖者がつけてくださった「ヨグマタ」という称号は、「宇宙の母」「ヨガと瞑想の母」という意味です。私はサマディマスター、シッダーマスターとなり、人の内側を変容させる力を得たのです。素直に信じることで、マスターのパワーを受け取ることができます。

無条件に聖なる存在を信じることを「サレンダー」といいます。それは欲やエゴを落として、大いなる存在（神）に自分をゆだねることをさします。

シッダーマスターを信じることは、あなたの内側にある神を信じる第一歩です。ディクシャの縁で、神とあなたの魂は一体になるのです。

「足りない」と思えば、不幸になり、
「これで十分」と感謝すれば、
幸せがやってきます。

人と比べて才能がない、学歴がない、お金がない、容姿に恵まれない……。

そんなふうに、わざわざ「ない」ものばかり数え上げていませんか？

また、人と比べて〝ないものねだり〟をしていませんか？

たとえば、独身の人には、妻子のある生活が幸せそうに見えるでしょうし、既婚者は、独身の人は時間もお金も自由でうらやましいと思うでしょう。

お金に恵まれない人は、お金持ちの人がうらやましいし、莫大な財産を持つ人は、たまには税金や財産相続で頭を悩まされない生活をしてみたいと思うかもしれません。

実は、**ないもの、足りないもの、欠けたものを真っ先に認識するのは、人間の心のクセなのです。**

そうした心の仕組みは瞑想をするとわかります。「飲み水がない」「土砂が崩れて、その先には道がない」など、それがないと命の危険にかかわる事柄を事前にキャッチして、回避しようとする生存本能からくるものです。

ものに依存している生き方が、ないと不安を感じるようにしてしまったのです。

逆にいえば、どんどんものが豊かになっていったといえるでしょう。もの一つとっても、現代は、ないどころか何でも揃《そろ》っています。

それなのに、もっと便利なもの、もっと快適なもの、もっとバージョンアップしたもの……と目移りし、欲望をつのらせているのが現代人です。

結果、すでに持っているのに、「欲しい」という欲で、また新製品を購入してしまうのです。

ヒマラヤ秘教の真のヨガの教えの最初に、道徳の規制があり、「貪《むさぼ》りを禁ずる」とあります。

老子は「足るを知る者は富む」と言いました。

お金のことでいえば、倹約家とケチな人は違います。

倹約家は、今あるお金のありがたさを知り、お金を大切につかう人のこと。

そしてケチな人とは、際限なくお金を集め、どれだけ稼いでも「まだ足りない」ともっとお金を得ようとする人です。

ほんとうに豊かで富める者は、お金のありがたさを知る人のほうです。

幸福な生き方とは、「ある」ものに満足して感謝する生き方です。

今あるものを見直しましょう。

インドのヴェーダ哲学や仏教には、「下を見て満足せよ」という教えがあります。それによれば、今生、動物ではなく人間として生まれてきただけでも奇跡のようなもの。たいへんありがたいことなのです。

その上、帰る家があり、蛇口をひねれば水が出ます。暖かな布団にくるまってゆっくりやすむことができます。健康な体があり、やるべき仕事があります。話すこと、書くことができ、さらには真理を知り、悟りをめざすこともできる私たちはなんと恵まれていることでしょう。

すでに自分が持っているもの、これまで得てきたものを認め、受け入れましょう。

これで十分と満足し、感謝すると、執着も消えていきます。こうして少しずつ、人に与える意識が生まれてくるのです。

心のガラクタを捨てましょう。
「私が、私が」のエゴを手放しましょう。
捨てなければ、
幸運が入ってくるスペースがありません。

多くの人が、心の声に命じられるままに生きています。

あそこに行きたい、あれを習いたい、これを食べたい、ブランドもののバッグや靴や洋服が欲しい、最新のスマホやゲームが欲しい、あの人が持っているなら私も欲しい……など、心は次から次へとものや知識などで欲望を満たそうとし、得られないと苦しみます。心がつねに忙《せわ》しく安らがないのです。そして心の中はとらわれでいっぱいになり、また家の中もものが増えていきます。

かき集めすぎたものでゴチャゴチャし、それらをどこにしまったかわからず、ストレスがたまり、部屋の空気も、気持ちもスッキリしません。

そこで、いらないものを捨てることが注目されているそうですね。

けれど、「まだつかえる」「もったいない」と執着していてなかなか捨てられないものです。心にくっついたカルマを浄化しない限り、ほんとうの意味で捨てることは難しいのです。

まず、心のとらわれを外していきましょう。

ヒマラヤでサマディに達し、神と一体になった私の心は無心です。意識が覚醒し、深い静寂の中にいます。ヒマラヤ秘教の修行とヒマラヤ・シッダー瞑想をすると、心が整理整頓され、自然に執着が落ち、クセが取れ、セルフィッシュな自我の「欲しい」という欲は消え、内側から満ちて、ただ「必要なもの」があればよいという気持ちになるのです。

私が今、望むことは、悟りのための祈りと瞑想の大きな神殿（瞑想道場）を創ることです。それは悟りの成就と、意識の進化を望む人の目的となります。日本のため、世界のためなのです。私個人の欲望ではないのです。

ともかく、必要なもの以上に「持たない」暮らしなら、とても楽で自由です。普通なら、いったん持ってしまうとそれが苦しみの原因となります。部屋と同様、心も容《い》れ物です。いろいろな情報や体験がガラクタとなって詰まっています。それが苦しみを生みだすのです。

嫉妬心、罪悪感、劣等感、不安。いらないものは、浄化をしましょう。

「私、私」と「私」にこだわるのも、心のガラクタです。

「これは私のもの」「私がやった」「私が先」など、「私」ばかりを大事にするのは、エゴがあるからなのです。

「私はエゴを殺して、人のために尽くしています」とボランティアにがんばる人でも、どこかに「相手によく思われたい」「嫌われたくない」などという虚栄心や自己防衛の気持ちがあるとしたら、それもエゴなのです。

自分の利益ばかり求め、人に与えなければ、エネルギーの出口がなく、ただパンパンにふくらんでしまいます。ものでいっぱいになった部屋と同じで、気の流れが澱《よど》んで運気が下がるのです。

また、ものを捨てなければ新しいものが入ってくるスペースができないように、人に与えて執着をはずさなければ、受け取るスペースができません。

息を吐けば、自然と空気が入ってくる呼吸と同じ。**出さなければ、入らないのが宇宙の法則なのです。**

惜しみなく捧げましょう。自分からエネルギーを発しましょう。これが「断心」です。人が救われるために親切や布施を捧げるのです。利己的な心から、無償の愛への進化です。それであなたのカルマは浄まるのです。

「幸せになりたい」と
焦っていませんか？
あなたはまだ「ほんとうの幸せ」に
気づいていません。

仕事もある、家もある、人並み程度の貯金もあって恋人もいる。

それなのに、なぜか心にぽっかり穴が開いていて、何か満ち足りない……。

そんな不安を口にする人が増えています。

そこで、近頃では、目に見えない世界への興味を持つ人も多いようです。

幸せを求めて、宗教やスピリチュアルなセミナー、占い師やヒーラーなどに救いを求める人もいらっしゃるでしょう。

御利益があるとされる神社やパワースポット巡りをするのも、若い女性を中心にブームのようになっています。

あちらのセミナー、こちらの占い師と渡り歩き、どこへ行っても「何かが違う」と思うようになってしまった人もいるのではないでしょうか。

あなたは何を求めているのでしょう。あなたにとって幸せとは何でしょう。

仕事の成功、人からの賞賛、自己成長や、より良い人間関係や家族関係でしょうか。しかしそれらは、さらなるエゴの欲望を生むのです。

「幸せになりたい」という多くの人が、外側の欲望だけにとらわれていて、実は、まだほんとうの幸せを知りません。

ほんとうの幸せとは、内側の深いところから満たされることです。心の奥にある魂に潜む〈ほんとうの自分〉、つまり神と出会うことなのです。

そこに到達したとき、これまで体験したことのない至福感を実感することでしょう。

それは、五感で感じる快感や、感情のうれしさとはまったく違います。

心が消えて、静寂になります。すべてが軽やかになります。

しかし、そこは仏教でいうところの「無」ではありません。「無」の中にすべてを創り出す力がある、何か大きな存在に包まれるのです。

愛と平和のエネルギーに満たされます。

ただ深い感謝と喜びにひたります。

とても言葉では言い表せません。これは、ヒマラヤ秘教の指導者のガイドのもと、正しい瞑想を行うことで得られる境地なのです。

ある方は、以前はやはりセミナーや占い師など、あちこちの門を叩き、不安や焦りばかり募らせていたといいます。

けれど、私の道場で瞑想を行うようになって半年ほどたったある日、「なぜだかわからないけれど、大きな安心感の中にいるような気がします」とご自分の変化に気づいたそうです。

突然お金持ちになったわけでも、仕事が成功したわけでもありません。でも、「自分は大丈夫なのだ」と深いところで納得でき、すべてが順調になったのです。

これが、ほんとうの幸せへの入り口なのです。

最終的には、ぜひみなさんにもヒマラヤ秘教の叡智のもと、こうした感覚を味わっていただけたらと思います。

とはいえ、ほんとうの幸せを追求して出家修行者になりなさいと言っているわけではありません。**それぞれの社会生活で学び、外側で心の世界を学び、人を助け、ドネーション（寄付）をするなど、捧げる生き方で浄化をし、同時に内側からあふれるほんとうの幸せを知ることが、より良い人生をつくっていくのです。**

第2章

善行をすると、もっと楽に生きられる

——なぜ、相手を助けることが大切なのか？

両手に荷物を持ったままでは、
チャンスがやってきても、つかめません。

ヒマラヤ秘教では人の心を煩《わずら》わし悩ませる欲を、大きく分けて**「五欲」**と教えています。生存の基本欲が「食欲」「色欲」「睡眠欲」です。さらに加えて「財欲」、「名誉欲」で五欲となり、人はこうした欲に突き動かされています。

たとえば、朝、まだ起きたくない、いつまでも寝ていたいという「睡眠欲」。でも、遅刻をしたら恥ずかしい、上司に怒られたくないという「名誉欲」。同じ職場の気になる異性に嫌われたくないという「色欲」。仕事に行かなければ、お金がもらえないという「財欲」。夕方になれば、早くビールを飲みたいという「食欲」。

あらためてこう書きますと、まるで日常生活が欲にまみれた劣悪なもののようにも思えますが、逆に、欲があるからこそ仕事や自分の成長に意欲を持つことができるのです。**すべての欲が悪いというわけではありません。**

聖者は究極のサマディで、この欲望と怒りの感情、さらにほんとうの自分を知らないことが、人間の苦しみを生み出すことに気づいたのです。そして、苦しみからの解放の道、解脱への道を示したのです。そこから抜け出すには、まず欲の執着を浄化し、大きな気づきを得ることが必要であると。

インドには、こうした欲を手放し、〈ほんとうの自分〉を知る解脱を求めるため、世俗を捨てて出家した「サドゥ」と呼ばれる修行僧の方々が約二千万人います。

彼らの多くは法衣《ほうえ》のほかは何も身につけず、持ち物は托鉢《たくはつ》をして食を乞うための飯ごうだけ。そして「一所不住《いっしょふざい》」といって、三日以上一定の場所にとどまることなく各地を転々と遊行《ゆぎょう》します。

これはものや場所への執着を取る修行の一つで、「少欲知足《しょうよくちそく》」（欲を小さくし、足りていることを知る）を実践することで、新たなカルマを積むことなく魂を浄化させ悟りをめざしていくものです。それだけでも、ものや人に対する執着がほどけます。

もちろん、一般の方々にこのような過酷な修行をすすめているわけではありません。しかし、**あなたが悩みや苦しみの中にいるのであれば、ご自分のこれまでの生活を自省し、過剰な欲は手放す覚悟を持つことは大切です。**

こんな話があります。

崖から転げ落ちた人が、途中で木の枝をつかみ一命をとりとめます。けれども、そこから這《は》い上がることもできず、身動きもできません。下は千《せん》尋《じん》の谷です。その人は枝にしがみついたまま叫びました。

「神さま、助けてください」と。するとの神はこう答えました。

「わかりました。あなたに手をさしのべましょう。しかし、まずその手を放さなければ、あなたの手を取り、助けることができません」

このお話のように、何かを手放さなければ、素晴らしいものは手に入りません。両手に荷物を持ったまま、「もっと欲しい、もっと欲しい」と言っているようなもので、その手を空けなければ、どんなチャンスがやってきてもつかめないのです。

手放すことには恐怖がともない、実行するには勇気が必要かもしれません。ですが、**これまでの自分の限界を越え、人生のステージを一段上げるためにも、執着を手放す練習をしていきましょう。その方法の一つが与えることなのです。**

こだわりも、度がすぎれば
執着となります。

何かに対するこだわりは、その人らしさや個性と解釈すれば悪いことではありません。けれど、度がすぎれば、それは執着になります。

私の道場へいらっしゃる方の中に、こんな人がいました。

彼女のこだわりは、外見の美しさでした。

「お化粧をしないと、外へ出られないんです」と、外出前は、念入りなメイクと髪のセットに一時間近くかけ、そのあいだ、子どもが泣いても知らん顔。どんなトラブルが起きようと、素顔では表へ飛び出すことができないそうです。

また、ある男性は、部屋の掃除に極端にこだわる性質でした。

チリ一つ落ちていない空間にモノが整然と並べられ、置き場所がちょっとズレただけでも気になるのだそうです。おかげで、自分の家にいてもいつも神経がピリピリして、のんびりくつろぐことができません。

美容や部屋の清潔さに気を配ることは、人間として社会生活を営む上で大切なことです。けれど、行きすぎれば、人生が窮屈になってしまいます。

誰にも素顔を見せられないのであれば、災害などの緊急時には一人逃げ遅れたりはしないでしょうか。部屋の清潔さにこだわるのもいいですが、人がいれば生活のためのホコリもたてばゴミも出ます。それではパートナーと一緒に暮らせますか？

こだわりすぎは、人生の楽しみや可能性までも狭めてしまいます。

こうしたこだわりもまた、過去や過去生で刻まれたカルマが、今、現れたものです。

何か一つのことに集中しすぎ、やがて頑固に心にくっついて、執着となっているのです。クセをつくってしまうのです。

誰にでもこうした小さいクセ、大きいクセがたくさんあり、こだわりがあります。

こだわりは、カルマで無意識に起きるので、いくら「執着を取りたい」「こだわりをやめたい」とご自身の力で抵抗しても、自動的にスイッチが入ってしまいます。このことは、その人のクセでもありますが、価値観でもあります。

そのこだわりは無意識にあらゆることにわたって起き、人生をコントロールしていきます。このように心の強い力に翻弄されるのが人生なのです。

このお二人の場合、私のディクシャ（160ページ参照）を受け、ヒマラヤ秘法の瞑想を続けることで内側からの浄化がはじまりました。

「こうでなければならない」と神経質に凝り固まっていた気持ちが次第にほどけ、穏やかになり、いろいろなことが気にならなくなったといいます。家族やまわりの人との関係も改善されていったそうです。

ヒマラヤの恩恵によりカルマが溶かされ、内側が自然に満ち、バランスを取り戻していったからです。

カルマが浄化されてしまえば、「どうしてあんなことにこだわっていたのだろう」と、悪い夢から覚めたように身も心も軽くなることでしょう。

神とつながることで不安や緊張からも解放され、ありのままの自分でいられます。

ほんとうの意味での自分らしさを発揮し、より自由に新しい運命を切り拓いていけるのです。

あたかも自然の一部になったかのように
奉仕しましょう。
そうすることで、あなたの「神性」が
目覚めます。

私はヒマラヤの標高八千メートル級の山々が連なる雄大な風景を仰ぎ見る、標高五千メートルの氷河の近くにある洞窟にて厳しい修行を重ねました。そこで究極のサマディに没入し、真理を悟ったのです。

一般にはそこで修行することは不可能です。しかし、**実際にヒマラヤに行かなくても、あなたの中にその自然はすでに存在しているのです。大きな神の視野に立てば、私たち人間は自然の一部だからです。**

私たちは、長い歴史を通して知性を磨き、文明を築く中で、自然の中からいろいろと学んだり、自然を畏敬《いけい》してその恵みを受けた生き方を忘れてしまいました。

特に近年の科学技術の発展は、安全で快適な暮らしを実現させてくれた一方で、開発の名のもとに、自然や環境を、まるで我が物のように破壊する利己の道具としてしまった側面も否定できません。

最近、洪水や土砂崩れ、大雪など気象の異変や自然災害がよくニュースになりますが、もとをただせば、それも、私たちが自然を畏れ敬う謙虚さを失い、あるがままの自然界のバランスを損ねてしまったからではないでしょうか。

自然災害は「恐い」し「大問題」だとされます。でも、それは単なる自然現象であり、バランスを取る姿であり、災害ではないのです。

人は自然から学ぶことができます。自然の摂理を観察しましょう。

私たちも自然の一部です。この体は小宇宙であり、自然と同じ要素でできています。自然、つまり宇宙と同じ働きがあるのです。

太陽の光はさんさんと輝き、地球のあらゆる生物の命を育《はぐく》みます。

雨の水が川の流れとなって、まわりの植物に水の潤いを運びます。

自然の営みはひたすら与え、しかし与えるだけで決して見返りを求めません。お互いに与え合い、助け合っています。

こうした自然の姿こそが、私たちが本来到達すべき真理であり、ほんとうの幸せへとつながる道なのです。それらが神の恵みなのです。

「どう生きたらいいですか？」

そう聞かれたら、私は「自然のように生きなさい」とお答えします。

「もっと努力して、仕事で成功しなければ」「もっと勉強して、知識を身につけなければ」「もっとお金を稼いで、衣食住の暮らしを向上させなければ」

今、あなたはそうした目標を持って日々がんばっていることでしょう。目標を持つことはあなたを成長させ、新しい可能性を開いてくれるのですから、決して悪いことではありません。

ただ、そんなにがんばらなくてもいいのです。目標を達成できるだろうかと心配ばかりしなくてもいいのです。もっとあなたの「自然の力」を信じましょう。

自然は助け合っています。あなたも自然と同じように無心で人を助け、奉仕しましょう。そうすれば、天が必ずあなたの味方をしてくれるでしょう。宇宙の真理、自然の法則を信じ、良いことをすると良い結果が出るというカルマ、人を助けるこのカルマを信じることです。

そのことを行っていくと、自分の力で無理してがんばらなくても、神のパワーが働いて自然と人生がうまくまわっていくはずだからです。

人と会ったとき、
「この人から何をもらえるか」ではなく、
「この人に何を与えられるか」を
考えてみましょう。

人間関係は持ちつ持たれつ、とよく言います。

たとえば、お隣のご主人が入院したと聞けば、「看病でたいへんでしょう。町内のお掃除当番は、私が代わりにやっておきますね」と助けます。

仕事をかかえて残業続きの同僚がいれば、「何か手伝おうか」と申し出る。

「いいんですか、すみません」

「いえ、いえ。困ったときはお互いさまですから」

と、こんなやり取りを経験したことがある方も多いことでしょう。

お互い支え合い、助け合う。そんな相互扶助的な社会が自然にできあがっていけば、世の中はとても愛にあふれ、平和です。

ただ、「お互いさま」という言葉の中に、「私が助けたから、次はあなたが助けてね」「やってあげたんだから、感謝すべき」など、見返りを求める気持ちがあったとしたら、それは純粋な愛とはいえません。

そこにどっちが得か、などと計算するエゴが働いてしまうからなのです。

そうした心では、「あの人は、毎回、お掃除当番を私にさせてお礼の言葉もない」と、裏切られた気持ちになることもあるでしょう。

「私の親切心を利用して、自分は遊びに行っているんじゃないか」と、疑心暗鬼になることもあるでしょう。

これが親子なら、「こんなに一生懸命育ててあげたのに、どうして親の言うことがきけないの！」と腹が立ったり、夫婦なら、「私が毎日家事をしてあげているんだから、子どもの教育のことくらいあなたが考えてよね！」などとケンカになることもあるかもしれません。

見返りを求めれば、結局、自分がイライラしたり怒ったりと心穏やかではいられなくなるのです。ほんとうの愛の姿に立ち戻りましょう。

ほんとうの愛とは、受け取ることを意識しない愛です。

ギブアンドテイクではなく、ただひたすら「ギブ」し続ける愛です。

たとえば、お母さんは、無条件で子どもを守ろうとします。自分の命と引き換えにしても、子どもを助けようと思います。

そこにはいっさいの打算はありません。相手に喜ばれたり、褒《ほ》められたりしなくていい。ただ、自分がそれをしてあげること自体に喜びを感じます。そして、何の見返りも求めず、ただ与え続けるのです。

こうした母なる愛を、「無償の愛」と呼び、英語で「コンパッション(compassion)」といいます。

「無償の愛なんて、単なる理想じゃないですか？」

そうお思いですか？　でも、思い出してください。

人は誰もが神の子なのです。あなたの内側には、ダイヤモンドのように光り輝く〈ほんとうの自分〉がいます。そして、〈ほんとうの自分〉は、まさに見返りを求めない純粋無垢《むく》な愛の海で満たされているのです。

心を浄化し、カルマを浄化して純粋な心の奥にある愛の海、宇宙的愛を体験することができます。そこからの愛が無償の愛、あるいは慈愛であり、それを持つことが悟りへの道の行です。

今は、気づきをもって「与え続ける」あなたになってください。それが、〈ほんとうの自分〉の扉を開く一歩です。

笑顔は良い波動となって、
自分にも人にも幸せを与えます。

お金もない、時間もない、体力もない、能力も才能もない……。

「だから、私は人に与えられるものは何もありません」と言う人がいます。

でも、ほんとうにそうでしょうか。誰の中にも、人と分かち合える財産があるはずです。

いちばん簡単で、誰にでもできるのが笑顔です。裸で生まれてきた赤ちゃんの笑顔は人を癒します。朝、コンビニの店員さんや駅員さんが、ニコッと笑顔で挨拶してくれただけで心地よく、その日は一日元気ですごせそうな気持ちになりませんか？

また、緊張でドキドキして臨んだ仕事の会議やはじめての集まりで、笑顔で部屋に入ってきた人のおかげで肩の力が抜けて、ホッと安心したことがあるかもしれません。笑顔が視界に飛び込んでくると、人の気持ちは明るくなるのです。

「波動」といって目には見えない〝気〟のようなエネルギーが、人の笑顔から伝わってくるからです。**笑顔で誰もがまわりに愛や幸せを与えることができる**

のです。カルマによって笑顔が自然にできる人と、重苦しくてできない人がいるでしょうが、生かされていることに感謝していくと、軽やかになってくるでしょう。

「今日は疲れたな」という日でも、そうした気持ちをそのまま相手にぶつけるのではなく、ひと息入れて心を整え、相手に出会えたことも学びであると感謝します。自然に緊張がほどけ、笑顔が出て、そのことで元気になるはずです。

そして、**感謝と笑顔でいると、あなたのまわりにいい人が集まります。**

いい人が集まれば、ますます笑顔になるような出来事が起こります。

「同質のものはお互いに引き合う」という宇宙の法則が働いて、ポジティブなエネルギーにポジティブな事柄が引き寄せられるからです。

感謝と笑顔を与えることで、まわりの人に、そしてあなた自身にも幸運が訪れることでしょう。昔から「笑う門には福来たる」と言いますが、まさにその通りのことが起こるわけですね。

逆に、「与える」のではなく「奪う」行為もあります。奪う行為は、無意識で起きるので、気をつけなければなりません。

たとえば、自分は何も悪いことはしていないつもりでも、何か気に入らない気持ちでいると、いかにも陰気な雰囲気を出してしまうのです。そのマイナスの波動は周囲にも伝わります。

本人の気分が悪いのはもちろん、そんな人が一人いるだけで、その場にいる人を暗い気持ちにさせてしまいます。その人は相手の活力を吸い取ってしまうのですから、それは、人のエネルギーを奪っているのと同じことなのです。

誰かの意見に対して、頭ごなしに「そんなの無理」「あなたは間違っている」と否定したり、「でも」「どうせ」とやたらネガティブな言葉をつかうことも同じです。本人は、ただ自分の意見を言っただけのつもりでも、そこに現れるものは否定的な態度や言葉になり、その場の雰囲気を壊してしまいます。

同じことを言うのでも、相手に対する思いやりを持てば、口から出る言葉は変わってくるはずです。奪うのではなく、つねに「与える人」でいたいものです。

苦しみから抜け出す方法は、
集中し、無心で体を動かすこと。
たとえば、部屋の掃除もいいでしょう。

悩みをかかえているあなた。今は苦しみの中にいて、ものごとを客観的に考えられない状況ではないですか？

もがけばもがくほど、苦しみにとらわれてしまう。

「もう考えるのはやめよう」と思っても、考えてしまう。

そんなとき、苦しみから逃れようとお酒にはしる人もいるでしょう。食べることで忘れようとする人、友人や家族にグチを聞いてもらう人、いろいろです。

けれど、それは一時的な解決策にしかなりません。

苦しみを取り除くのが、ヒマラヤ秘教です。

インドではマスターとのダルシャンという聖なる出会いで祝福をいただきます。シッダーマスターは心身を浄め、それを越えて神と一体になった悟りの存在、その存在からの恩恵は苦しみを溶かし、願いが叶います。マスターを信頼することで、そのことが起きます。祝福で苦しみが溶けます。

今、あなたができることは、何か楽しいことに集中することです。それは自分を高めるものでなくてはなりません。

勉強などがいいでしょう。部屋を必死できれいにかたづけるのもどうでしょうか。

あるいは無心で体を動かします。散歩をするとか、人に奉仕をするのです。

私は苦しいのだとアピールして、部屋もかたづけず、カーテンを閉め切った薄暗い中に閉じこもっていませんか。

何か一つのことに集中して、よけいなことを考えない境地を、「ダラーナ（精神統一）」と言いますが、内側のカルマを浄めるとともに、意志の力を強めるのです。

あなたも修行をするつもりで、無心でお掃除をするなど、気持ちよくなるように体を動かしてみてください。神殿や寺院の神様、仏様がいるところはきれいに掃き清められています。

ヒマラヤ秘教では、心と体と魂の深いところからのバランスが大切だと考えますが、もちろん日常生活を正しくして、無心で楽しく、良い心を持って、集中することが、全体のバランスを整えるのに欠かせないと私は考えています。

また、インドでは、極彩色の砂をつかって曼荼羅《まんだら》を描く僧の姿もよく見かけます。

曼荼羅とは、仏が住む宇宙をあらわすものです。僧たちは、何日もかけ、緻密な作業で曼荼羅を仕上げますが、完成したら、壊されて、ただの砂に戻ります。

それは、つくったものに執着をしない無心の境地に達する修行です。カルマの浄化の行動の瞑想なのです。

執着にならないなら、あなたもやりたかったことを一生懸命やってみましょう。

それは、気づきを持って、その成果を神に捧げる気持ちで行うとよいのです。そうすればエゴの執着を食い止めることができます。

日常生活のこと、一つひとつの動きを、感謝を込めてやってみてください。

これが、悩みや苦境から自分自身を救うための一つの方法なのです。

ポジティブシンキングは、
やりすぎると、
エネルギーを消耗してしまいます。

「いつも明るく前向きに！」と、ポジティブシンキングをモットーとしている人もいるかもしれません。

また、アファメーションといって「私ならできる」「私は愛される価値がある」など、ポジティブな言葉をおまじないのように繰り返して唱える方法も、成功法則の一つとして、自己啓発本やビジネス書などによく紹介されています。

いずれも、ものごとを前向きに考えることで潜在意識を変え、現実を良い方向に変えていこうとするものでしょう。

ですが、あなたはほんとうにつねに明るく前向きでいられるでしょうか。ときには元気が出ないこともあれば、落ち込むこともあるのではありませんか？人間ですから当たり前です。もし無理に元気を装って、「前向きにならなきゃ！」などと言い聞かせているのでしたら、あとでドッと疲れてしまいます。

不安や心配、怒りの感情を持つと、エネルギーが消耗することは体験的におわかりだと思いますが、それと同じで、**前向きな感情であってもつかえばエネルギーは減っていく。だから疲れるのです。**

いつもポジティブでいようという心がけはいいのですが、あまり無理をされないこと。

大切なのはバランスです。極端にポジティブすぎ、がんばりすぎではものごとはうまくいきません。

それに、いくら積極的にがんばっても、結果がうまくいかなければかえって落ち込むことにもなってしまいます。

もっと心を楽にリラックスすることで、はじめて正しい判断ができ、エネルギーを消耗しない生き方ができるのです。

「楽をしていたら、怠惰な人間になってしまいそう」

そう心配する方もいるかもしれません。

でも、その心配は、〈ほんとうの自分〉とつながっていないからなのです。高次元の存在につながり信頼したならば、自分の力でがんばらなくても、あなたはつねに守られているのです。

我欲を捨て、人に与える生き方を続けていきましょう。できれば、ヒマラヤ・

シッダー瞑想によって自分の内側を浄め、気づきを深めましょう。
あなたの奥深くにある大いなる愛の存在を信じ、素直に身を任せてみましょう。

すると神からのエネルギーが降り注ぎ、カルマが浄化され、また潜在的な力が発揮されていきます。少ない力でも、大きな働きができるようになるのです。
思い込みで「これは苦手」と自分の能力を限定していた人もいるでしょう。けれど、ほんとうのあなたは違います。

私と出会って瞑想をはじめた人の中には、「苦手と思っていた数学で、なぜか難しい数式をどんどん解けるようになった」と不思議がっていた人、手術が上手になった外科のお医者さん、気がついたら仕事のスピードが何倍にも速くなった人、家族の人間関係がよくなった人など、潜在能力が目覚めたり、幸運と出会う体験は、枚挙にいとまがありません。皆、人生が楽になっています。

〈ほんとうの自分〉と出会えばわかります。あなたは、あるがままで素晴らしいのです。すべてが満ちています。無理に付け加えることは何もありません。

もう外側を飾り立てる必要はありません。
ヒマラヤの教えが、
美とアンチエイジングの奇跡を起こします。

世の中には化粧品や美容のサプリメント、さまざまなダイエット法など、美しさのための情報が氾濫しています。そうした影響もあり、誰もが華やかに着飾って街を行きかっているようです。

もちろん、外側が清潔に美しくなるのは良いことと思いますが、ただ、心の欲は深く、満足というものを知りません。**いくら美しくなっても満足という幸せは得られません**。また、そうした、人と比較したり、人目を気にしたりする心は、表情を曇らせ、その人本来の魅力を消してしまいます。

いくらきれいにしても、やがて年をとり、病気や老い、そして死には勝てないのです。美しいことはいいのですが、心の欲で飾ったり演じたりする表面的なものではない、ほんとうの美しさや気品を身につけたいものです。

ヒマラヤ秘教では、日常生活で行ってはいけない「ヤマ」の心得と、実践すべき「ニヤマ」の心得という行動の道徳規範が定められています。

「ヤマ」は人の悪口を言わない、人を傷つけない、うそをつかない、欲をかかないなどです。

「ニヤマ」はすすめる戒めです。人を平等に愛し、また人を助けていきます。カルマを浄めるために、言葉の上で、思いの上で、行為の上で、良い行為をするのです。つまり、すべてを慈しみなさい、分け与えなさい、足ることを知りなさい、正直、誠実でありなさい、神を信じ、師を信じなさい、清潔にしなさい、真理の智恵を学びなさい、純粋でありなさい……。

それはあなたの「与える行為」のすすめでもあります。気づきを深め、悪いカルマを積まず、美しいカルマ（行為）を行うのです。よい行為のカルマを信じます。

これは、本書でお伝えしたい「与える生き方」の基本なのです。**自分の中に、愛や慈悲、優しさを育てていくことで、心の欲は良い行為に向かい、カルマが浄化されていきます。心と体が浄化されて、ほんとうの美に近づいていくのです。**

与える生き方と同時に、ディクシャ（160ページ参照）を受けて、ヒマラヤ秘教のヒマラヤ・シッダー瞑想も実践してみてください。瞑想は神聖な存在に出会っていくための行です。

瞑想をするには、まず、神聖なエネルギーとつながり、それを信じることが大切です。それは神聖なパワーを引き出し、それに守られていきます。さらに、捧げる修行で、より深いところが浄化されていきます。

瞑想は、心にこびりついたカルマを大掃除する力がたいへんに大きいのです。まず、内側が整理整頓されます。段階を追った瞑想秘法でストレスも浄化され、イキイキとした生命力にあふれます。肌もつやつやと輝き、若く美しくなります。瞑想は、究極のアンチエイジング法でもあるのですね。

よく「あの人はオーラがあるね」という言葉をつかいますが、**ほんとうの意味でのオーラとは、こうして内面を浄化し尽くしたときに出会える〈ほんとうの自分〉の輝きから放たれるもの**ではないでしょうか。

外側を着飾らなくても、独特の美しさを放ちます。深い満足と愛と慈悲のエネルギーが、自然とにじみ出るからです。

あなたも、ぜひそんな人になってください。

与えると損をすると思っていませんか？

蓮《はす》の花のように、
ただ無心で咲きましょう。
幸せは求めなくても、
向こうからやってきます。

「ご近所トラブルに巻き込まれた」「妻や夫が話を聞いてくれない」「親友だと思っていた人に裏切られた」など、今、さまざまな悩みや苦しみをかかえている人も多いことでしょう。

「こんなことになるなんて、自分はなんて運が悪いんだろう……」

そう嘆いている方もいらっしゃるかもしれません。

けれど、起こる出来事は、運・不運に左右されて偶然やってくるものではありません。それは、**「自分がまいた種は、必ず結果となって返ってくる」**というカルマの法則によって引き寄せられたもの。そして、引き寄せているのはあなた自身なのです。

そのカルマの種をまいたのは、過去何生にもわたる過去生のカルマや今生に積んだカルマ、さらには環境などが合わさったものかもしれません。ご自分を責めても解決しません。

通常内側に積まれたカルマを浄めるのは至難の業ですが、ヒマラヤ秘教のシッダーマスターには、心の内側のカルマを浄化し、変容する力があります。さらにヒマラヤ・シッダー瞑想をしていただくのがより良い方法です。

そして、日常生活では、これまで書いてきたように善行を積みます。**「捧げる」生き方、「与える」生き方をコツコツと実践していくことです。**

人やまわりに、知恵、勇気、幸福、喜びを与えていきます。

小さなことからはじめます。たとえば、お年寄りに席を譲ったり、人のためにあなたのアイディアを出したりします。

与える生き方をしていると、あなたの波動が変わってきます。

すると、美しい蓮の花の香りにミツバチが誘われてくるように、純粋な波動の人々が引き寄せられてきます。

「類は友を呼ぶ」という言葉がありますが、まさにその現象です。まわりに優しさや慈愛を持った人々が自然に集まってきて、あなたにいいエネルギーを与えてくれるのです。

だから、**いくら与えても損をしません。それどころか、与え続けることでどんどんいいことが舞い込む〝幸運のスパイラル〟に入ることができるのです。**

ある車のセールスマンの方は、「売る」のではなく、まず、どうしたら相手の役に立てるかを考えたそうです。

「車とは関係ないおつかいを頼まれても、気持ちよく引き受けました。ご高齢のお客さまを手伝って、庭の草むしりをしたこともあるんです」

そんな無償の奉仕を続けるうちに、「あの人は信用できる」「どうせ車を買うなら、あの人から買いたい」とお客さまが集まり、売ろうとしなかったのに、売り上げトップの成績をおさめることができたといいます。

今の世の中、損得や利害関係ばかりで、人と人との温かなつながりが薄れつつあります。こんなときこそ、与える精神が人の魂に響くのだと思います。

捧げようとするあなた自身が信頼によって神聖なパワーにつながり、祝福をいただくことで、カルマを浄めていくことです。そして、そうした満たされたものでさらに人に親切を与えることです。出会う人が真に幸せになる道、宇宙的愛の自然な生き方にガイドをしていくことです。

それがその人の意識を高め、苦しみから救う最高の善行になるのです。

第3章

愛と感謝を捧げる

――与えるだけで、あなたの「力」が引き出される

誰のことも所有しない。
誰からも所有されない。
自立した人間関係をめざしましょう。

「子どもが、せっかく入った大学を辞めると言い出して、困っています」

「いくら叱っても、突飛なファッションやお化粧をして出かけていくんです」

など、子育てに関するご両親の悩みを、私もいろいろうかがいます。

「大学くらい出ておかなきゃ、社会で通用しない」

「だらしがない、そんなかっこうで、みっともない」

と、あれこれお説教したくなる気持ちもわからないではありません。子どもには、世の中の常識を教えるのが親の務めと考えているのでしょう。

ただ、それも親の価値観なのです。「〜しなければならない」「〜すべき」と子どもに押しつけるのは、親の身勝手なエゴです。

口では子どものためと言いながら、実は「人からいいお母さんだと思われたい」「優秀な子と褒められたい」など、自分の見栄のためではないでしょうか？

「あなたを大学に行かせるために、寝る間も惜しんで働いたのに」

「これだけ大事に育てたのに」

そんなふうに一生懸命言いつのるのは、子どもに罪悪感を持たせることで、親の思い通りにコントロールするためではないでしょうか？

子どもは、親の所有物ではありません。

育ててあげた。愛してあげた。「だから、言うことをきくのが当たり前」などと期待しないことです。いつまでも保護下に置こうと執着しないことです。

恋人同士や夫婦の関係でも同じです。自分が愛したからといって、相手が思い通りになるわけではありません。喜びをくれるわけでもありません。前にも書いたように、ほんとうの愛は見返りを求めない無償の愛なのです。

また、「相手から愛して欲しい」の愛も執着の愛です。

大切な人にしてあげられるのは、ただ無心に愛を注ぐことです。「その考えは間違っている」と、自分の価値観で相手をジャッジしません。

「成績が上がったら愛してあげる」と、条件はつけません。

子どもの幸せや成長を願い、ただ愛し、信じて接していきましょう。そうすることで魂と魂が共鳴し、駆け引きなしでわかり合えるようになるはずです。

興味深い話があります。

ヒマラヤの聖者は、瞑想秘法によって悟りをめざす過程で自分自身だけでなく家族や先祖の魂までも浄化していきます。それぞれが持つ対人関係の所有欲や依存や執着のカルマを浄め、純粋で執着のない、平等で自然な愛にします。

ですから、ヒマラヤ聖者の家族や身近な人々は、一人ひとりが幸福で、お互い依存することがありません。そのため一般的な感覚では、家族のご縁が薄いように見えることがあります。

けれど、ほんとうは薄いわけではありません。個人的つながりを越えた、もっと広く大きな愛の縁で生かされるのです。人も自然も地球もすべてが一つとなった宇宙的な愛に包まれ、至福を得るのです。

誰のことも所有しないし、所有されることもない。依存ではなく神からの愛で守られ、自立したご縁を目指すのが、苦しみから解放されていく知恵でもあるのです。自分の子どもを溺愛《できあい》するのではなく、平等に与える愛で平和的な愛を注いでいける人になっていくことが大切なのです。

学びの機会をいただいたことに感謝していますか？

結婚生活は、学びの場。
相手を変えるのではなく、
まずあなたが変わりましょう。

あれをして欲しい、わかって欲しい、話を聞いて欲しい、などなど……。

人間関係において、相手に「欲しい、欲しい」と望むばかりの心のクセを持っていると、それはやがてさまざまな苦しみの原因となります。

身近な例では、夫婦の関係があります。

幸せな結婚生活を夢見て一緒になったはずなのに、時間が経つにつれ、いつしか不平不満ばかりのカップルもいます。1分49秒に一組が全国のどこかで離婚しているなどというお話も聞きました。

「もっと早く帰ってきて欲しい」「お給料が安い」「思いやりが足りない」と妻が文句を言えば、夫は夫で「おれは仕事でたいへんなんだ」「そっちこそ、もっといたわりの気持ちを持つべきだ」などとやり返す。

お互い相手に望むことばかりで、これではいつまで経っても平行線です。

そもそも、この世に完璧な人間などいません。

「○○がない」と相手の欠点を数えはじめたらキリがありません。

また、いくら口を酸っぱくして欠点を指摘したところで、人を変えることはできないのです。

相手に「こうなって欲しい、ああなって欲しい」と望む前に、まず自分が変わりましょう。求めるのではなく、自ら与えるのです。

私の道場に通うある女性は、こんな経験を語ってくださいました。

その方のご主人は、家族の前ではいつも不機嫌で、「おはよう」や「いってきます」などの日常の挨拶さえしないような人だったそうです。

何か声をかけても、「ああ」とか「ふん」と言うだけでろくに返事もしない。心を込めた手料理を並べても、ただ無言で食べるだけです。

そんな夫の態度に、彼女は、次第に話しかける気力すら失っていきます。そしていつしか、夫婦は家庭内別居のような状態に……。

「でも、あるとき、このままではいけないと思ったんです」

そこで、彼女がとった行動が、自分から進んで挨拶をすることでした。

「おはよう」「いってらっしゃい」「お帰りなさい」「おやすみなさい」

ご主人が返事をしようがしまいが気にせず、とにかく声をかけ続けたのです。

すると、最初こそ無視を決め込んでいたご主人も、やがておずおずと挨拶を返してくれるようになったそうです。今ではすっかり夫婦の絆を取り戻したと喜んでいました。

そして自分から愛を根気よく出せたのは、ヨグマタの教えと瞑想で自分が変わることができたからなのです、と言っていました。

この世で夫婦になったのは、偶然ではなく、カルマが引き合ったご縁です。

今、二人のあいだにあるトラブルは、あなたの魂を成長させるためにカルマが与えた試練なのでしょう。

「あなたが悪い」と相手を裁き、「私ばっかりやっている」などと不平不満をぶつけても何も変わりません。

それより、結婚生活は学びの場だと受けとめ、反省すべきところは反省し、相手への尊敬と感謝を持って接していくのです。そして相手に何を与えられるかを考えていきましょう。

こうしてお互いに、学びの機会をいただいたことに感謝しましょう。

あなたがその人を愛するのは、
「自己愛」からではないですか？

美しい恋愛は、お互いが信じ合い、尊敬し合い、相手を思いやる関係です。

しかし、愛するがゆえに心の執着で悩む人もいるでしょう。

誰かを好きになれば、相手の気持ちに一喜一憂します。会えなければ寂しさを感じ、ときには嫉妬します。「今、何をしている？」「誰と会っている？」と相手を束縛したくなるかもしれません。こういう気持ちは、心の「好き」という思いであり、ほんとうの愛に進化していないのです。

ほんとうの愛とは、前にも述べた見返りを求めない無償の愛です。

その愛は、少し違いますが、母親の赤ちゃんに対する愛に見ることができます。生まれたばかりの赤ちゃんを育てる親は、昼夜を問わずお世話をします。

私がここでお伝えするほんとうの意味での無償の愛とは、魂からの純粋な愛慈愛です。その愛は赤ちゃんに何か見返りを期待しているわけではありません。

であり、宇宙的な愛のことです。

では、恋愛でいうところの「好き」や「嫌い」は、どうでしょう？

これは、心や感情の愛であり、欲や執着からくるエゴの愛なのです。

相手も自分のことを好きになってくれなければ、幸せを感じられない。それは見返りを求めているのと同じです。

また、自分を犠牲にしてまで相手に尽くす人もいます。

嘘や無責任な言動にも耐え、相手を甘やかす。中には暴力をふるわれても許してしまう人もいます。「愛は見返りを求めてはいけない」と、自分を殺し我慢しているのです。けれど、それは無償の愛とは違います。

こんな人も、実は見返りを求めているのです。なぜなら「私を愛して嫌わないで欲しい」と、耐えることで相手をつなぎとめようとしているからです。

それは、相手に対する愛ではなく自己愛なのです。

恋愛とは、なかなか苦しいものなのですね。このような心の執着や、さらに体の執着や「依存の好き」という感情の愛もあります。こうした関係の愛には苦しみがあるのです。多くの人はこうした「依存の愛」を求めています。それ以上の安らぎの愛を知らないのです。

太陽はすべての存在に光を当てています。この人は気に入ったからたくさん光をあげる、この人は暗いから光をあげないとかいうことではなく、誰にでも平等です。この太陽である高次元の存在を、見返りを期待しないで信じることも愛です。あなたは、常に守られ愛されています。**太陽の光のようにまんべんなく降り注ぎ、裏切ることのない愛、差別のない愛、それを信じましょう。**

太陽は神です。その魂からの愛は無限の愛です。苦しみがありません。ただ純粋な愛から相手を思い、相手の成長を願うだけ。愛を与えることで自分がうれしく、豊かになれるのです。

その結果、あなたは誰からも好かれる存在になるでしょう。見返りを期待しなくても、自然とまわりに人が集まってきて、何かあったら助けてもらえるのです。

まるで神様のようです。あなたも魂の愛に近づくことができます。

相手に対して否定的な気持ちが湧いたなら、相手に感謝するのです。

ただ存在してくれることに感謝できれば、エゴが浄化され、相手に対するこだわりや所有心も薄まっていくでしょう。

人を許すことで、
あなた自身が救われるのです。

職場の人間関係に悩んでいるという女性がいました。

嫌いな同僚がいて、「今日もあの人と一緒か」と思っただけで、朝から胃が痛くて憂うつなのだそうです。

「とにかく、ヒステリックなんです。ちょっとミスを指摘しただけなのに、『上司でもないのに偉そうに』などと食ってかかる」

そうしたことが続くと、彼女は傷つき、不愉快な気持ちになるそうです。

人間いろいろな人がいます。あなたのまわりにも、困った人や扱いづらい人がいるかもしれませんね。

そんなとき、

「あの人はどうしてあんな態度や言い方をするのか？」

などと考えても仕方ありません。

その人はさまざまなことを教えてくれているのです。なのに、どうしても素直になれず、どうしていいかわからない、そこにはまってしまっているのかもしれません。

それをジャッジして「苦手」「嫌い」と思えば思うほど、あなたは相手のことが気になってしまうのではありませんか？

「ひと言文句を言ってやりたい」「仕返ししたい」「また失礼なことを言われた」「ああ、イヤだ」と、その人から目が離せない。「苦手」「嫌い」の気持ちがこだわりとなって、かえって相手にとらわれ、縛られてしまうのです。

では、どうしたらいいのでしょうか。

気づいていくのです。それぞれの価値観があり、自分の無意識の何かのエゴに相手のエゴが傷ついたのかもしれない、あるいは自分がとらわれすぎているのかもしれない、それら完璧でないものを許すことを覚えましょう。

誰もが不完全なのです。人の不完全さを許せなければ、あなた自身のことも許せなくなってしまいます。

「許すだなんて、そんな聖人君子のようにはなれません」。あるいは「自分が許すというのは傲慢《ごうまん》なのではないですか」と言う方がいます。

でも、上から目線で行うということではなく、少し視点を変えて考えてみるということです。

「親が怒ってこの人を育てたのかもしれない」「たまたま虫の居所が悪いのかも」あるいは、「自分では気づかない言動で相手のエゴが傷つき、そのときから変わったのかもしれない」と考えて頭を切り換える。それだけで許しなのです。

人を許す、つまりそうあることを受け入れれば、自分自身もとらわれから解放されます。気になる相手も気にならなくなり、自由になります。

人を許すのは、自分自身の救いでもあるのです。

苦手なあの人は、反面教師かもしれません。あなたが愛を与えるために現れたのです。そのために同時代に生まれてきてくれたのかもしれません。

目の前に現れる人は、どの人も、あなたの成長のために必要な人なのです。

優しく受けとめ、許し、出会ったことに感謝しましょう。

あなたの中に何があるのか相手を通して気づき、浄める機会をいただいているのです。そうでないと自分がわからないのです。自分が愛ある人になるための学びの機会です。

人から愛してもらわなくても、
あなた自身が無限の愛であり、
完璧な存在です。

十人十色、いろいろな人間がこの世界にいます。カルマが違い、性格が違います。それぞれ持っている価値観が違います。同じものを見てもいろいろな意見があります。いろいろな見方があります。

ある人は表面のことを言い、ある人は、右側から見たことを言い、ある人は左側からのことを言い、ある人は下のこと、ある人は上のことを言うのです。また、ある人は中身のことを言い、ある人は質のことを言います。

それぞれのカルマによって、何にリアクションするかが違います。

人のキャラクターはカルマによって違います。空気が読めないという人、空気を読みすぎる人、敏感な人、鈍感な人、それぞれ良さでもあるし、欠点にもなります。

人生にもまれている人、そうでない人、虐げられて生きてきた人、かわいがられて生きてきた人、二番手の人、いつも一番の人、整って生まれた人、普通に生まれた人、両親の仲が悪い環境で育った人、両親の仲が良い環境で育った人、そうしたさまざまな状況がカルマの違いをつくります。

人はそれぞれの色を持っているのです。その色は濁っているときもあるし、いろいろな色合いを放っています。その色は鎧《よろい》なのです。それぞれの在り方で自己を守っているのです。

その色を越えたところにあなたの魂があり、さらにそれに続く宇宙の魂〈ハイヤーセルフ〉があります。それが〈ほんとうの自分〉です。その存在は純粋で、愛で満たされています。

鎧は、人との対応でいろいろな色合いに変わります。あなたは攻撃したり、引っ込んだり、愛を望んだり、また望まなかったり、と懸命に生きていますが、それは、やがて外していくと楽になるのです。

つまり、もっと奥深くにある純粋な存在に変えていくのです。それがもともとのあなたなのです。それを信頼しましょう。あなたはそんなに鎧をつけなくても楽に生きていけるのです。

あなた自身が無限の愛であり、完璧な存在なのです。

私の道場の門を叩いた方の中には、いろいろな人間関係のつらさに悩み疲れた人もいます。

家族の関係、子どもとの関係、両親との関係、会社の中での関係、そして、自分自身との関係です。

その方々が私のディクシャ（160ページ参照）を受け、祝福で自身の神性に目覚め、心身を浄め変容して安心をいただき、ヒマラヤ秘教のヒマラヤ・シッダー瞑想法を続ける中で、安らぎを得ていきました。

あなたもぜひ、ヒマラヤの叡智を体感してみてください。

〈ほんとうの自分〉と出会うことは、不変の真理と出会うことです。

つねに大きな安心感と温かさに包まれることです。

そうなったとき、あなたは心を越えて、自信を持って自分自身でいることができるでしょう。

あなたが発する愛の波動が、まわりの人にも影響を与えます。あなたは、ただそこにいるだけで、「一緒にいて心地いい人」になるのです。もう誰と会っても鎧をつけないで、あるがままでいられるのです。

疑えば、疑われる。
愛すれば、愛される。
目の前にいる人は、
「鏡に映ったあなた」です。

誰かを「嫌い」だと感じるとき、人はそこに「自分自身」を見ています。

「あの人の命令口調で話すところが、大嫌い」

「すぐ人のせいにするんだから。まったくイヤになる」

その嫌いでイヤな部分は、実は自分の嫌いでイヤな部分ではありませんか？

人間関係は鏡のようなもの。自分の欠点が、相手に投影されているのではないかと疑ってみてください。

「嘘をつかれているのでは？」と感じたら、あなたも嘘をついたからそのように感じるだけかもしれません。

「思いやりがない」ように見えたら、あなたの中にも人への思いやりに欠ける部分があるのかもしれません。

このように考えると、**嫌いな相手にこそ感謝しなければなりません。**「私にもそんなところがあった」と気づかせてくれたのだから。そして、反省し、変われるチャンスをくれたのだから。

嫌いな人、苦手な人の出現は、あなたにとって良い出来事なのです。

人間関係を鏡ととらえると、トラブルに対する考え方も変わります。

たとえば、夫婦や恋人同士のあいだで、相手の浮気心が問題になったとき。

「私がこんなに愛しているのに、裏切るなんて許せない！」と腹を立てる自分の胸の奥の奥に思いをはせてみてください。もしかすると、相手に対して関心を失っているのは、あなたも同じではないですか？

一緒にいるのが当たり前になってしまって、相手のいいところに気づかない。

「○○さんのほうがもっと優しいのに……」と、つい人と比較してしまう。

そんなふうに、あなたもお互いの愛情を育てることを怠っていたのではないでしょうか。

相手をいたわり、尊敬する気持ちを持つことが大切です。

自分に愛が足りなかったとしたら、これは相手の問題ではなく二人の問題であり、相手ばかりを批判し責めるのではなく、どうしたらもっと良い関係を築くことができるか話し合うチャンスととらえて感謝しましょう。

さて、こうした鏡の理論で人間関係を考えたとき、一つの法則に気づきます。

あなたが相手を疑えば、相手もあなたを疑います。

あなたが自己中心的にふるまえば、相手も利己的な行動をします。

逆に、あなたが愛を出せば、相手も愛を返してくれる。つまり、**今、目の前に起きている現実は、ほとんどあなたがつくり出しているものだということです。**だからこそ、あなたが変われば、相手が変わり、現状を打破していくことができるのです。

イヤなことを言われても、「でも」「どうして」「だって」と相手に反発するのではなく、学びをいただいたと考え、まず「ありがとうございます」と感謝の言葉を口にしてみましょう。すると、相手からもやわらかなエネルギーの言葉が返ってきて、刺々《とげとげ》しかった関係も改善されます。

人生は、このようにしていくらでも良いものに変えていけるのです。

目が外についていて、相手のいろいろなところは見えるのですが、ともすれば自分の心の動きに気づきません。私の道場では、ワークや瞑想で、内側を浄化して、微妙な心に気づき、心身を変容させていくことができます。

どんな人にも、
愛と感謝を捧げましょう。

「どんな人にも平等心で接しましょう。愛を与えましょう」

そんなことを言いますと、「えっ、あんな性格の悪い人にもですか？」と思われるかもしれません。

そうです。**愛を与えるのは、すべての人に対してです。**

あの人は愛されるに値するかどうか……。そんな詮索は必要ありません。

なぜなら、私たち人間には、人を「良いか悪いか」と正しく判断することはできないからです。

そもそも私たちの善悪の判断基準は、心の価値観からきています。

心には、これまで親や学校、社会で教えられた「～すべき」「～が正しい」という常識や慣習、価値観などが刷り込まれ、それを基準に判断しています。

また、これまで書いてきたように、過去生を含めた過去の記憶や体験がカルマとなって、その人の価値基準を形づくってもいます。

過去生で良いカルマを積んだため、今生でそのカルマが実を結び、経営者やリーダーになって人に影響を与えている人もいます。あるいは親を反面教師にして、ああなりたくないと、それをバネにして必死にがんばった結果、今の地位を得たということもあるでしょう。

これからは見えない力や親の縁に感謝を捧げていくことを学んでいきましょう。すべてが学びです。それがカルマの法則であり、カルマの結果で、成功する人もいるし、成功しない人もいます。

心の価値観に普遍性はなく、時代や状況、個人によって変化していきます。貧富の差、優劣で人を区別するのは心の判断です。真理は違います。カルマに影響されない、絶対の真理があります。

人を心で見るとジャッジしてしまいます。「○」か「×」か、好きか嫌いか、自分にとってメリットがあるかないか。そんなカルマの声から解き放たれ、宇宙的な愛に目覚めましょう。

そのためには**〈ほんとうの自分〉につながり、信じていくことです。そこから愛とパワーをいただき、知恵をいただくのです**。その力によって、心にとらわれない愛の人になることができるのです。

人間は、すべて神の創造物です。国、民族、価値観、性別、身分、職業、カルマによってそれぞれに今は違いがありますが、私たちは皆、遠い昔に神から離れたのです。

良いカルマを積むことで、良い実を実らせることができることは救いです。深いところではみんながつながっています。皆、神の子であり、兄弟姉妹なのです。皆、神の力によって生かされています。神の愛が注がれています。神を信じ、愛し、その愛をまわりにシェアする生き方をしていきましょう。

すべての人に愛を与え、感謝を捧げましょう。

そうはいっても、カルマが浄化されていない段階では、「私をだましたあの人、裏切って傷つけたあの人、そんな相手にも愛を与えるのですか?」と、ついエゴが出てしまうこともあるでしょう。

しかし、誰の中にも純粋な存在、神があります。外を見るのではなく内側の純粋性を見て、平等心と慈しみの愛で接することです。そこに礼拝し、感謝します。そのことであなたと相手との否定的なつながりは解決していくでしょう。

失敗を自己嫌悪につなげない。
ダメな自分も
「まぁ、いいか」と許しましょう。

「自分を好きになれない」と悩む人がいます。

イヤな自分、バカな自分、コンプレックスだらけの自分……。

でも、誰にだって短所や欠点はあるものではないですか。反省するのは悪いことではありませんが、反省しすぎて自分を責めてばかりではいけません。

自分を責めすぎると、自己否定の感情だけが残ってしまうからです。それは、人と比較しているのかもしれません。自分の望みが高いのかもしれません。

謙遜のつもりで「私なんて」と思ってばかりいると、否定癖がついてしまいます。そして、ダメなことばかりを引き寄せてしまいます。「どうせできっこない」と思えば、そのように心と体が向かいます。

縁によって同じクオリティのものを引き寄せるという引き寄せの法則に従って、心に思うことは現実になり、自分を否定すれば、本来あるエネルギーは消耗して奪われていきます。

さらに、自己否定は免疫力を低下させもするので、病気にもなりやすいのです。弱り目に祟《たた》り目となりますので、気をつけなければなりません。

ところで、笑いや感動などポジティブな行為が免疫力のアップに役立つというのが最新医学の定説ですが、自己否定が強いということはその逆の状態なのです。病気が発症しやすかったり、アクシデントに遭ったりというのは、こうした感情と無関係とは言い切れないのです。

不運なときにさらに否定的になり、災難が重なってしまうことがありますが、まさにネガティブがネガティブを引き寄せるのです。

何か失敗したときは、ただ素直に「注意が足りなかったかな」と反省し、「次はがんばろう」と気持ちを切り替えればいいのです。そこには肯定的な強い意志の力が必要です。負のスパイラルにはまると抜けられなくなります。

失敗は、単なるさまざまな経験の一つにすぎません。「失敗→自己嫌悪」と、連想ゲームのようにセットにしないことです。

自分が不完全でイヤなところのある自分を受け入れらないということは、いつまで経っても理想の自分にはなれないわけですから、自分を愛することができません。

皆、心の思いにこだわり、その思いに翻弄されています。つまり、これほど文化が発達しているのに、皆が心の否定的な思い、苦しみを完全に脱却する方法を知らないのです。

ものが豊かにあり、生活が便利になれば幸せになれると思って、皆、がんばり続けています。しかし、それはこだわりを増大させ、負けまいという心を強めてしまいます。

そして、いつも何かに追われるように不安をかかえ、また自分を責めたり、がむしゃらに勉強をしたりして、あっという間に時間が過ぎ去っていくのです。もがいても苦しみから脱却できません。しかし、まず戦わず、あるがままの自分を受け入れたとき、内側から力が満ちはじめ、それが自信となります。

どうしたら幸せになれるのでしょうか。ヒマラヤ・シッダー瞑想の実践によって、あなたは内側から変容し、心が正され、さらに心を越えて神に達します。

そのプロセスで知恵が湧き、才能にあふれ、何でもできる人に生まれ変わることができるのです。

人と比較しなくていい。
誰かのようにならなくていい。
あなたは、「あなた自身」になればいい。

地位や肩書き、出身大学、家庭環境、住んでいる家、容姿、持ちもの……など、比較の内容はいろいろあるようです。

前に聞いた話なのですが、新築マンションを定価で買った人と、売れ残って安く買って入ってきた人と、そこに区別があり階級があるそうです。

また学校などでも、親の集いで、親の職業によって、そして子どもの中でも、成績や、昔はお弁当のおかずでも差別があったそうです。

心は違いを発見する働きがあります。もちろんそれは必要な機能で、間違いを正して良いものを選び、良くなって生きようとします。

社会には競争があり、比較をして、「きれい」「汚い」、「できる」「できない」と区別をして、優劣をつけ勝ち抜こうとし、そして勝った人は優遇されます。そこからは優越感や劣等感の感情が生まれるのです。劣等感にとらわれれば、自己否定の矢で自分を傷つけます。優越感にとらわれれば、エゴを増大させていきます。

人はそれぞれ違っているのは当たり前です。生まれた場所も環境も違えば、親も違います。同じ親から生まれても、性格が皆違い、結果も違うのです。

みんながみんな、オリジナルな〝たった一つの花〟なのです。あなたはユニークな存在なのです。人それぞれカルマの違いがあり、内側のカルマで形成される運命は変えられなかったのです。

「人のふり見てわがふり直せ」という言葉もありますが、表面的なやり方でまねをしようとしても、難しいこともあるでしょう。

けれども、ヒマラヤの恩恵の出会いはあなたの運命を変えて幸せにします。あなたは気づきの人となり、真の成長を図ることができます。

心の執着は、深い長年のクセで無意識に比較の世界に入ってしまうものです。この世界にジャッジをしない人はいないのではないでしょうか。優れている人でも、心や感覚にとらわれているので、ジャッジしているのです。

慈しみの愛を育む必要があります。最初のうちは、「人と比較しない」と決めましょう。気づきを深め、そうした自分を観察して「正しさ」を選択します。するとと自分を受け入れ、また相手の存在をそのまま受け入れられるあなたになれるでしょう。

私たちは、神がこの世に送ってくださった存在です。国の違い、人種の違い、生まれの違い、職業の違い、性格の違い。いろいろあっても、それは表面の心と体の違いであって、内側にある〈ほんとうの自分〉は誰もが同じなのです。皆、神とつながった、神の分身なのです。

憧れやうらやましさから、「あの人のようになりたいな」と思うこともあるでしょう。

それが、たとえば「美しい言葉づかいやマナーをお手本にしたい」など、自分の成長のための学びなら、決して悪いことではありません。

ただ、それが「負けたくない」の競争心やエゴの気持ちからだとしたら、強いこだわりと執着になってしまいます。

誰かのようになる必要はないのです。できれば、ヒマラヤ秘教のディクシャ（160ページ参照）を受けて執着を浄め、〈ほんとうの自分〉につながりましょう。

大切なのは、あなたが、「あなた自身」になることです。

幸せは、
あなたの心が決めるものです。

「どんなお仕事をされているのですか？」

そう尋ねると、「どうせつまらない仕事ですから」「ただの雑用です」とおっしゃる方がいます。

たとえばお茶をいれること、コピーをとること、頼まれた資料を届けること、ヤスリでひたすら部品の錆《さび》を落とすこと……。

「そんなこと、子どもだってできる」

と思っているのかもしれません。

「どうせ誰がやったって同じ」

とやる気を失っているのかもしれません。

けれど、そんなことはありません。

どうせやるなら、誰にも負けない美味しいお茶のいれ方や、きれいで見やすいコピーのとり方を研究してみてはいかがですか？

あなたが丁寧に錆を落としているから、その上の塗装が美しく輝くのだと考えると、やりがいを感じませんか？

一見、誰にでもできるつまらない仕事に見えても、それが大切なのです。「表」の仕事であるものをつくる人も、「裏」である仕事の片づけや掃除をしなければ次にまたつくることができないのです。つまり、すべてが大切なのです。つまらなくするか、おもしろくするかは自分次第なのです。

ただ与えられた仕事をやるのではなく、どうしたら人に喜んでいただけるか、どうしたら役に立てるのかを考えて、自らアイディアを出していきましょう。そうすることで、仕事の質は必ず変わってきます。

世の中には、病気やケガで働きたくても働けない人もいます。仕事を探しても、なかなか働き口がない人もいます。

「この仕事をさせていただけるだけで、ありがたい」

と感謝しましょう。

感謝することで、「さあ、やるぞ」とモチベーションが上がります。投げやりだった日々が輝きます。

目の前の仕事に感謝し、誠実にやり続けていれば、あなたの働きをきっと誰かが見てくれて応援してくれるはずです。そこから新しいチャンスが広がることもあるでしょう。

実際、雑用の仕事からコツコツはじめて大企業の社長になるなど、魔法のようなサクセスストーリーを歩んだ成功者も世界にはたくさんいるのです。

つまらないと思えば、つまらない日常がやってきます。

楽しいと思えば、楽しい出来事が引き寄せられます。

幸せは、自分の心が決めるのです。自分の心が選択をしているのです。

どんな目立たない仕事も大切な仕事です。そうした対象に心を込めること、精神を統一することが修行になります。それに心を傾けて、感謝して喜んで行うのです。それは心を正しくつかっているのです。

一瞬一瞬、そうした気持ちを持つと、心は安定して良いカルマとなります。その仕事は精魂を込めた仕事であり、その仕事の成果をいただいた人にも幸せを与え、自分自身も心が乱れずに集中する修行となって、さらに皆を喜ばせていくことになります。

試練や挫折こそ、学びのチャンスです。

「なぜ」ではなく、

「どうして」起こったのか、

その意味を考えましょう。

病気になると「なぜ、私だけがこんなめにあうのだろう」と運命を呪いたくなるものです。まだ若いのに、何も悪いことはしていないのに……と。

心がうちひしがれるけれど、不運を嘆いていても事態は変わりません。

病気は、体からのメッセージです。「働きすぎだから少し休みなさい」のサインかもしれません。「生活習慣を見直すチャンス」と教えてくれているのかもしれません。否定的にとらえるのではなく、大事に至る前に気づけてよかったとプラスに考え、気づきをいただいたことに感謝しましょう。

そもそも、**私たちの体は神からの借り物**なのです。

その大切な借り物である肉体を、これまで、まるで自分のものであるかのように乱暴に扱ってきませんでしたか？　アルコールや煙草、暴飲暴食、夜更かしなどの不摂生を繰り返して、体に思いやりがなかったのではないですか？

病気を機に、これからは、自分の体をもっといたわりましょう。

ただ、心と体の健康にとらわれるあまり、食べるものなどに神経質になりすぎるのはよくありません。

あなたの体は、「神が住む社《やしろ》」なのです。その神を忘れ、自分の体をケアしなかったのかもしれません。神と体に感謝しましょう。高次元の存在を信じることが、とてもバランスが取れる生き方なのです。

また、長い人生には、思いがけない試練がふりかかってくることもあります。

突然のリストラ、大きな失敗、事故、犯罪被害……。

こうした理不尽でつらい出来事に遭遇したとき、やはり人は「なぜ私だけが」と不運を嘆き、神を恨むような気持ちになりがちです。

しかし、こうした試練も、カルマの法則に従って、ただ必要なことが起こっただけなのです。

不運にあうと、とかく人は親や人のせいにしがちです。でもそれは、過去にあなたがまいた種が、今、実った結果にすぎません。ですから、**悪いことが起こったら、「なぜ」とただ嘆き苦しむのではなく、「どうして」それが起こったのか、その意味を考えてみることが大切です。**つまり、気づいていくことです。

しかし、自分の心が見えないのでそれはなかなかわかりません。そこで内側を変えるために瞑想で深く気づき、浄化をしていくことが必要なのです。

ヒマラヤの恩恵で正しい心、純粋な心、曇りのない心をつくって、運命を変えていきましょう。すると、今までの自分の心にも気づいていきます。

「そういえば、私はいつも自信過剰だった」

「人の意見をちゃんと聞かなかった」

このように、自分のエゴの心に気づくのです。それまでは、それらが原因となって同質のものを引き寄せていたのです。

心は、自己防衛というエゴで生きています。そして、カルマを積んで疲れていくのです。**これからは、試練や挫折を経験しても、それをきっかけに、カルマに気づき、カルマを浄める生き方、捧げる新しい生き方を行いましょう。**あなたは、今まで、競争に負けまいと、思いやりも気づきもなく、ただがんばっていたのではないでしょうか。

このように、悪い出来事に思えることこそ、魂を進化させてくれるきっかけになるものなのです。

すべての執着は、
感謝すれば、手放せます。

無視したり悪口を言ったりして、あなたを苦しめる人への怒りや憎しみ、あなたを不当な理由でリストラした会社への憤り、自分のもとから去っていった恋人への未練、自分の性格への嫌悪感……。

人生では、こうしたネガティブな感情に苦しめられることもあるでしょう。

「あんなことするなんて、ひどい！」「傷つけられた」「恨んでやる」

いったん暗い感情にとらわれると、カッカして夜も眠れません。

相手をさげすみ、無視をしたり、お酒でまぎらわして忘れます。でも、深いところに暗闇がくすぶっているかもしれません。

そんな人たちに、私は祝福を与えます。

ディクシャ（160ページ参照）を受け、気づいていくと、内側のエネルギーが変わり、人間関係がよくなります。あなたを苦しめた人、大嫌いな人にも、学びをいただいたと感謝ができる人に変わるのです。

すると、相手も戦意を喪失します。

あなたは高次元のエネルギーの祝福を受け、この負の連鎖をストップさせ、速やかに感謝の回路が開かれていくのです。ヒマラヤ聖者のエネルギーは、心を越えた神のエネルギーと一体だからです。

それは奇跡の出会いです。普通なら一生苦しみをかかえて、抜け道がなく、「人生とはこういうものか」といつも不平不満をかかえて生きていくのです。思い込みと暗闇の中で、物欲の虜《とりこ》になり、さらには深い執着となり、そこからはずれることができないのです。

しかし、それは本人の気づきがないからわからないのです。

あなたが自分の性格に劣等感を持ち、この性格を直したいと思っても、気づきがなく「ああイヤだ。こんな私、大嫌い」と自分を否定しているうちは、劣等感からはなかなか解放されないのです。

やっかいなことに、人は、忌み嫌うものにかえって縛りつけられてしまうという性質を持っています。心は引き寄せる磁石の性質を持っているからです。

執着は、まるであなたの後ろにできる影のように、あるいは磁石のように、「イヤだ、やめてくれ」と逃げてもぴったりとくっついて離れないので、追いかけてくるかのようです。そのからくりは見事にあなたの運命をからめとっているのです。

執着を手放すために、拒否するのではなく感謝して気づいていくのです。それはなかなかできないのですが、そうするとエネルギーが変わりはじめます。

高次元のエネルギーの祝福では、簡単にその執着が溶けるのです。

インドではマスターは高次元の存在であり、人々はダルシャンと呼ばれる謁見にやってきて祝福をいただきます。信じることで安心し、かかえていた問題が解決したり、奇跡が起き、幸せに導かれるのです。

私もサマディ聖者として、高次元のエネルギーの祝福を与え、人々を生きる中で起きるさまざまな苦しみから救っているのです。

マスターの祝福で、あんなに不安であったり、恨み憎んでいた執着がまるで憑《つ》きものが取れるようにポロッと取れるのです。私はそのためにみなさんにディクシャという高次元のエネルギーの祝福を与える機会をつくり、合わせて日々の瞑想法も伝授しています。真理に出会う悟りへの道をガイドしています。

第4章

ほんとうに大切なものを与える

——幸福の種を育む「与える生き方」

お金を「もっと欲しい」と思うのも、
「汚い」と毛嫌いするのも、
どちらも執着です。

ハーバード大学のある研究では、「人生の目標は何ですか？」という問いに対し、約80％の人が「富を手に入れること」と答えたそうです。

マイホームを建てる、車を買う、季節ごとの洋服を買う、美味しいものを食べ、好きなときに旅行に行く。多くの人は、お金を手に入れ、物質的に豊かになることで幸せになると考えています。

もちろん幸せを求めることは誰もが与えられた権利です。ただ、幸せになる方法がお金だけだと思い込んでいるとお金に振りまわされることになります。

温かな家庭があり、いい友人に囲まれていても、ほかの人はお金が十分にあるのに自分にはないと憂うつになり、「もっとないと幸せでない」と思うのです。

銀行口座にお金がたくさんあるのに、「もっと増やしたい」と、株や投資に血まなこになる人。近づいてくる人を「お金目当てじゃないか」「私を欺《だま》そうとしているんじゃないか」と疑う人。お金に翻弄されてしまうのです。

そういうお金への執着は、子ども時代に原因がある場合もあるでしょう。

毎月のように両親がお金のことでケンカをしていて、悲しい思いをしたこと。

たとえば、そんな過去の体験があると、お金にまつわるさまざまな体験の記憶がカルマとなっています。そして、「お金がなくなったら幸せになれない」という恐怖や、「もっと欲しい」という飢餓感につながってしまうのです。

中には、「お金は汚いもの」「卑《いや》しいもの」と毛嫌いする人もいます。

親がギャンブルに手を出したことで苦労した、お金で人の態度が変わるのを見せつけられたなど、お金に関するネガティブな体験によって「お金＝悪」というレッテルを貼ってしまっている人もいるかもしれません。

こんなふうに人それぞれの体験によって、お金に対する感覚は違ってきます。

お金を「もっと欲しい」と思うこと、そして「汚い」と毛嫌いすること。いずれにしても、どちらも自分の思いの投影であり、執着です。

お金そのものは、良いものでも悪いものでもありません。

正しくつかうことで、個人や社会全体を豊かにするありがたいものなのです。

たとえば、自分の才能を伸ばしてそれを人にシェアします。その対価として、お金をいただくのです。そして、それを社会に還元します。さらには、その収入の一部を、人を救済している会や、社会が良くなり人が幸せになる活動をしているところに寄付するとよいでしょう。すると、あなたの愛がみんなを救うために使われるのです。そこには、きれいなお金、正しい行為によってもたらされたお金が集まるのです。

今の世の中では、必要以上に拝金主義がはびこり、それが幸せどころか、人々を苦しめているようです。

お金に執着し、翻弄されてはいけません。まずは、愛と誠実さを持って、与えられた仕事を一生懸命行いましょう。そして、能力、優しさ、思いやりなど、自分の中からいいものを出していくと、お金は自然についてくるでしょう。

私の道場では、成功するための秘法のディクシャ（160ページ参照）があります。それを受けることでより富の力が開花します。また、高次元の存在とシッダーマスターを信じることで、あなたの願いが神に届いて叶い、奇跡が起きます。しかし、その願いは利己的なものであってはなりません。

いちばん大切なお金を捧げることで
執着がはずれます。
そして「与える」回路が開きます。

私たちは、裸で生まれ、裸で死んでいきます。

いくら「欲しい、欲しい」と何かを追い求め、自分のものにしたつもりでも、いざ死を迎えて旅立つとき、あの世へ持っていけるものは何一つありません。すべては神からいただいたものであり、自分に属するものはありません。この肉体でさえ借り物なのです。

けれど、人はなかなか執着を手放せません。「これは自分のものだ」と所有した気にならないと安心できないのです。だから、ついかき集めてしまいます。人に与えるのが惜しくなってしまいます。

こうした執着を手放すのに、最も効果的なのがお金を差し出すことです。

お金は、人がいちばん大切だと思っている、いわば欲望の象徴です。そのいちばん大切なものを捧げるからこそ、効果は絶大です。

意識はたちまち変容します。かかえ込み、減らないように防衛しようとする執着が剥がれ、神の祝福をいただいて、与える、分かち合うエネルギーに変わるのです。

その結果〈ほんとうの自分〉とつながりやすくなり、本来誰もが持っている自分の中の神性の扉が開くのです。

そのため、ヒマラヤ秘教では、「お布施」や「浄財（寄付）」の形でお金を差し出すことは大切な修行の一つと考えられています。

そしてもう一つ、功徳という良いエネルギーが蓄積される「奉仕」がありま す。**「奉仕」がカルマを浄めるのに大切な行です。人に親切にし人を救うのです。**

そして、本拠地インドの信仰深い人々は皆、深い信仰心を持ち、寺院やマスターにお布施や寄付を行っています。

それが執着やむさぼりの心を取りのぞく神聖な行為だと、皆、知っているからです。

寺院のまわりにはいつも大勢の人々が集まり、お金やものをお布施したり、ちょっとしたお供え物を捧げたりします。

奉仕は誰もが休日や晩に泊まり込んで、寺院の掃除や、修行者や僧のための食事づくりなどを手伝って労力を差し出します。

また、布施を進めます。新しい寺院の建立はつねに、人々の心の浄化と神に出会う意識の進化の修行として、積極的に行われています。寺院の運営や貧しい人への施しにつかわれていきます。

そして、その寺院は人々の祈りの場であり、魂のよりどころとして尊ばれていきます。

個人のお布施や浄財（寄付）、奉仕が、その人の浄化だけでなく、皆を真理に導き、魂を進化させる大きな浄化になっていきます。

お布施や浄財（寄付）や奉仕というと、「してやった」「くれてやった」「ものやお金が余ったからあげた」「義理で仕方なく出した」などと、それを恩着せがましく傲慢《ごうまん》に語る人もいますが、考えを正しくしていきましょう。

お金を差し出すことで我欲を捨て、神の祝福を得て、さらにそれに近づくことができるとしたら、それはありがたく畏《おそ》れ多いことです。

「喜捨（進んで金品を寄付、施すこと）」という言葉があります。その言葉の通り、喜んで「させていただいた」と謙虚に感謝したいものです。

成功者だから、与えたのではありません。
与えたから、成功者になったのです。

たいへんありがたいことに、私の瞑想道場にもヒマラヤ秘教の教えに賛同される方々が慈愛あふれる浄財をくださっています。その中のある女性は、定期的にお布施を続けるうちに、収入が18倍にもなったそうです。もともとは専業主婦で、最初はパート程度だった技術を生かした副業が、どんどん大きくなり大成功したのです。

これは、お金を捧げることで執着が一気に浄化され、創造の源《みなもと》、つまり神とつながる聖なる回路が開くためなのです。

「仕事量は増えたはずなのに、なぜかプライベートな時間はたっぷりある。しかも以前より元気になって、いくら働いても疲れないんです」

とご本人は不思議がります。でも、それも珍しいことではありません。

浄化が進むことで集中力が増し、エネルギーの無駄づかいがなくなるのです。睡眠時間が短くてすむようになったり、小食で満足するようになった人もいます。

潜在能力が目覚め、理解力や発想力、創造力や企画力がつきます。仕事が成功するのは、執着が外れて、また高次元のサポートで必要なことが整い、よりそうした良い方向にパワーがつかわれるからです。

お布施や寄付は、もちろん見返りを求めてするものではありません。でも、差し出せば、何倍にもなって戻ってくることは真理なのです。

信じられないかもしれませんが、これればかりは信じていただくしかありません。実際、世界の富豪や成功者として知られる人の中には、頻繁に寄付をしている人が数多くいます。

たとえば、一代で石油王にのぼりつめたジョン・ロックフェラーは、青年時代から、収入の一割を慈善団体に寄付することを習慣にしていたそうです。また、マイクロソフト社創業者のビル・ゲイツが、全財産の95%を寄付にまわしていることは有名なお話です。

お金持ちだから、余ったお金を寄付しているのではありません。

彼らは貧しい時代から捧げる生活をしていたのです。そして、ご承知のように莫大な富を得ました。

これはまさに、同質のエネルギーが同質のエネルギーを呼ぶ宇宙の法則だということなのです。

人に愛を向ければ、人から愛されます。

人を幸福にすれば、自分も幸福になります。

お金も同じです。あなたが与えたものが、与えられるのです。

つまり、**お金持ちだから与えたのではなく、与えたからお金持ちになったということなのです。**

まだ半信半疑のようでしたら、一度、無理のない範囲の金額で試してみてはいかがでしょう。実際やってみると、与えたところで手持ちのお金が少し減るだけで自分は何も困らないとわかるはずです。

ただし、捧げるときはあくまでも、けがれのない愛を持って無心で行いましょう。

「あとで得するかも」などとチラッとでも見返りを期待すれば、エゴの壁が厚くなるだけです。内面が浄化されなければ、宇宙の法則は働きません。

この人生の目的は、
〈ほんとうの自分〉に出会うこと、
すべてが満ちた存在であるあなたは、
与えることができます。

成功を夢見ること、豊かな暮らしをめざすこと。私はそれを決して否定しません。「衣食足りて礼節を知る」という言葉があります。ものに満たされてはじめて、より品格ある人になるということです。

しかし、いつまでもただ自分のことばかりという幸せの求め方では、ほんとうの進化はありません。**自分のみの幸せを求めることを唯一の目的にする生き方から、そろそろ卒業していきましょう。**

神はあなたにすべてを与えています。

あなたはもともと豊かであり、幸せな存在です。ヒマラヤ・シッダー瞑想で内側を浄化し、さらに究極のサマディに達していくと、真理に出会い、それを悟ることができます。

人には、もっと深い真の幸せがあります。あなたが躍起になって集めたお金や建物、装飾品は、この肉体を離れるときには何も持っていかれないのです。

自己防衛で集めてばかりいることから脱却し、大いなる存在にゆだねて、そこからパワーをいただき、まわりを助けていくという、与える生き方をしていきましょう。そうすることで、心が浄化されて意識が進化していきます。

私たちが、この世界に生まれてきた真の目的は何なのでしょうか。

それは、私たちが願いを叶えると共に、心の曇りを取り除き、〈ほんとうの自分〉とは何か、自分は誰なのか、究極の真理を悟っていくことです。〈ほんとうの自分〉は、平和で、純粋で、光り輝く存在です。

あなたの中の奥深くにはそれがあり、心に蓄積された過去生からのカルマで覆われているので、普通にはその存在があることに気づかないのです。古来、ヒマラヤの聖者はそれに出会うために厳しい修行を重ね、心を浄化して、究極のサマディに達し、真理を悟ったのです。

つまり体を越え、心を越えて、死を越え、ほんとうの自分となり、神と一体になったのです。生きながら死という終わりを体験し、そこに生のはじまりがあることを悟るのです。生と死は同質のものです。

これからはまず〈ほんとうの自分〉、創造の源につながり、それを信じていきましょう。私たちは深いところで、みんなつながっていることがわかります。

家族、友人、職場の仲間や、近所の方々、この世界に生きているすべての人々、大自然までもが、すべて「ワンネス＝一つ」。マインドがなく区別がないのです。目には見えなくても、あなたを生かしめ、あなたを守り、輝いている神があり、〈ほんとうの自分〉があります。それは豊かで愛と知恵に満ち、生命力にあふれています。

一方、それを知らないあなたはどんどんカルマを積んで、あなたのキャラクターを形成していきます。

良い行為と気づきで、体や思いや言葉、行動で良いカルマを積んで社会に影響を与えていくのです。〈ほんとうの自分〉はもともと満ちています。あなたはそこにつながり、さらに愛と思いやりをシェアしていきます。愛で創造の源に達していくためにです。

気づきを持って人に思いやりを持ち、人を助け、愛や感謝を与えていけば、あなたの家族や友人たちも優しく穏やかになっていきます。職場やまわりの環境も明るくなっていくでしょう。

神があなたの味方をしてくれます。
もうがんばらなくても、
思い通りに生きられるのです。

社会では何かしらの行為をすることでカルマが積まれます。カルマを浄化し純粋になることで、願いが叶えられ素晴らしい運命を招くのです。

あなたが与える生き方を続けることで、カルマが浄まり、聖なる波動が満ちてきます。

信じる心を育み、与えた分、大きな存在から祝福があります。あなたはいつも幸せで、肯定的で、平和な気持ちでいられるようになるでしょう。

その結果、あなたの人生にどんないいことが起こるのでしょう?

○夢が叶う

エゴが減って、他者を思いやる利他の考えに切り替わります。

人間性が高まるので、放っておいても人から愛され、「この人のためなら」とあなたをサポートしてくれる人が現れるでしょう。

たとえば、あなたが独立して起業するのが夢だったとしたら、さまざまな個性やスキルを持った人たちが集まってくることもあるでしょう。

あなたが与えた分、今度はあなたが仲間に力を与えられ、自分の夢を叶えることができるのです。

○豊かになる

神を信じてカルマを浄める行為をしているので、つねに神の智恵と力が祝福としてやってきます。望めば富や成功も手に入れることができるのです。そこで得た富は、再び与えて世の中にシェアすればいいのです。

多くの人を助けながら自分自身も成長していきます。そうすることで、あなたはどんどん良いカルマを積み、内側からも外側からも豊かになっていくのです。

人を助けるために、あなたが何もないなら笑顔を捧げましょう。あるいは自分の能力を捧げます。または奉仕をします。人の内側が浄化する生き方を伝えること、その人が〈ほんとうの自分〉に出会う生き方を伝えることが最高に良いカルマを積むことになります。

このヒマラヤ秘教の教えにより、肉体の行為のカルマを浄め、内側の行為のカルマをヒマラヤ・シッダー瞑想で浄め、カルマが浄まり、真の幸せを得ることができるのです。

○チャレンジできる

カルマによって刷り込まれた思い込みや常識が強いと、これが心のブロックとなり、行動にブレーキをかけてしまうことがあります。何かをはじめる前から、「できるわけがない」「どうせ無理」とスイッチが入ったように自動的に判断してしまうのです。

けれど、与えることでカルマが浄化されると、そのブロックがなくなります。ヒマラヤの恩恵につながって信頼することでいただくアヌグラハの恩寵《おんちょう》で、さらに内側に祝福が与えられ変容します。

否定的な考えがなくなるので、あなたは気負わず新しいことに挑戦できるようになるでしょう。これまで眠っていた能力を発見できるかもしれません。

心身が純粋になれば、神はあなたにどんなチャンスでも与えてくれます。

ただし、ゆるぎない神への信仰心が大切です。それがパワーを引き出し、「受け取る力」になるのです。

○直感が冴《さ》える

仕事に必要な情報が自然に集まったり、会いたいと思った人が向こうから歩いてきたり。そんなラッキーな偶然が重なることもよくあります。

うじうじと悩んだり、念入りに準備したりしなくても、直感に従えば物事がスムーズに楽に進むようになるでしょう。

捧げる生き方で執着が取れて、神の力が働き、ダイレクトに的確な行動をすることができます。心のエゴの自己防衛ではなく、深い智恵からの指針が与えられるのです。

○深い安心感に包まれる

あなたの中のあなたを生かしている存在、それは神です。神につながり、神を信じると、深いぬくもりと安心感に包まれます。一人でいてもつねに誰かがそばで見守ってくれる感覚です。

たとえば、車で事故を起こしても不思議と大事故になりません。神が味方をしてくれるのです。

そして、そこにつながらせるのがディクシャ（160ページ参照）であり、そこに運んでくれるのが、聖なる波動のマントラです。そのマントラはサマディから生まれたのであり、サマディマスター、シッダーマスターからいただくことで正しくあなたの内側で働き、あなたを守りパワーを与えます。

そうしたマントラを持った人は、地震さえも逃れられ、その方の家だけがつぶれないという奇跡が起きています。また、農作物が豊作になり、果物も質の良いものが生まれて表彰された農家もあります。人生の中で問題に出会っても奇跡的に助かったり、受験に合格したり、スポーツでも本番で実力を発揮して優勝するといった奇跡が起きています。

サマディ瞑想の実践で、
あなたの中に、平和と安らぎが訪れます。
太陽のように、
まわりに愛を与える人になります。

まわりに愛や感謝を捧げていくという体と思いと言葉の正しい行為で執着を手放します。

善行を重ね、そんな「与える生き方」が、あなたを欲や執着から解放し、純粋にし、内側から満たして、人生を根本から変えていってくれることでしょう。同時に、**日常生活に取り入れていただきたいのが、祈りとヒマラヤ・シッダー瞑想です。**

祈りで神につながり、それを信じることでパワーをいただきます。

ヒマラヤ瞑想では、心の整理整頓と浄化を行います。神聖なエネルギーによってなかなか捨てきれない欲望、執着、思いグセなど、積もり積もったゴミを根こそぎ浄めていき、創造の源と一体となり、生まれ変わっていくのです。

ヒマラヤ・シッダー瞑想は、師から弟子へと口伝《くでん》で伝えられる門外不出の秘法です。サマディ瞑想（マントラの瞑想）、クリヤの瞑想、ドラスタバワ瞑想（アウェアネス瞑想）、アヌグラハ瞑想など、段階を追った瞑想秘法があり、それぞれが異なる波動で、体と心の層を浄めていきます。あなたを〈ほんとうの自分〉

とつなげ、心についたカルマを最速で溶かし、それを越えて無限の愛と真理の世界へ安全に導くのです。

瞑想秘法の伝授では、まずディクシャという儀式を行います。ディクシャでは、究極のサマディ（深い瞑想から死を越えて、創造の源と一体になり究極の意識となること。究極の解脱）に達したシッダーマスターの恩恵で、高次元のエネルギーの伝授を受けて、カルマが浄められ変容し、次に瞑想秘法を直接伝授されます。

ディクシャによって、あなたの奥深くにある魂への扉が開かれます。

ディクシャを受けるとその際、マスターとのつながりで心身が癒やされ幸福を実感します。ディクシャによりシッダーマスターのエネルギーで魂につながって、新しく生まれたのです。その絆を深めていきます。

さらに、マスターからの聖なる音＝マントラの波動の瞑想の秘法、つまりサマディ瞑想をいただくのです。コツコツと瞑想を続けていき、さらに進化していきます。ディクシャでマスターと同質の〈ほんとうの自分〉、つまり神につながり、その信仰を持って、サレンダー（お任せ）していくことで、つねに良いことが起き、ただそこにいるだけで満たされるようになるのです。

あなたは、こだわりが取れ、自然と人に対して優しくなり、エゴからの愛ではなく進化した愛を実感するようになるでしょう。さらに、相手を許し受けとめることができる大きな心になっていきます。仕事や子育て、勉強など、これまでと同じことをやっていても、神の助けを得ることで楽しく充実し、クリエイティブなアイディアが浮かびます。楽にパワフルに、自分のためのみでなく人のために生きられるようになるのです。

カルマを根こそぎ浄化する修行で、真理の道、悟りの道を進んでいるのです。本を通してはなかなかお伝えできないのが残念です。

機会があれば、私の道場へいらしてください。幸せを願うすべての人にディクシャをさしあげています。そして新しい良いカルマを積んで、最高の人間になる生き方を進めてください。そして〈ほんとうの自分〉と出会い、悟りに向かうほんとうの幸せを知ってください。


魂の願う生き方をしていくことで、最高の人間形成が可能なのです。

お布施や寄付をすることで、
人の魂は喜び、進化していきます。

前の項目に、「お金は、良いものでも悪いものでもありません」と書きました。

そう、あなたのつかい方次第なのです。

お金をつかうことで、「楽しくなる」「成長する」「感謝する」「安心する」「やる気になる」など、いいエネルギーに変えることもできるでしょう。

逆に、つかえばつかうほど「心配」「不安」「嫉妬」といったネガティブなエネルギーでいっぱいになってしまうこともあります。

たとえば、見栄でブランド品や宝飾品を買いあさったり、高級車を乗りまわしたり。あるいは、毎日豪華なディナーを食べ、高価なお酒を浴びるほど飲み、贅沢三昧《ぜいたくざんまい》にすごしたとします。

これであなたは、自分が「成長した」と思えるでしょうか？

心の底から「楽しい」「幸せ」と思えるでしょうか？

人から良く見られるためにお金をつかっても、ただ、「外側のエゴ」が一時満足するにすぎません。

それはカルマを積む生き方です。**エゴではなく、魂が喜ぶお金のつかい方を**

しましょう。自分を高めるための自己投資です。一般には、

書籍を買う。

講演会やセミナーで勉強する。

健康のためにジムに通う。

映画や音楽、アートに触れる。仲間と建設的な意見を交わす。

などがあります。

このように昨今の人は、自分の心を豊かにするためのお金や時間をつかっているのことでしょう。

これは真理から言いますと、心と体、感覚の喜びです。

また、凝った料理をつくってみる。好きな花を飾る。景色の美しい場所へ出かけて行ってのんびりすごすというように、ときにはワクワクした感情を味わいながら楽しんでいる人もいるかもしれません。自分の知性や感性を磨く体験をすることで、いろいろな学びがあることでしょう。

しかし、これも、ただ欲望で行うと心が強まり、執着になるのです。気づき

を持って行っていくことが大切です。これらは心の世界の学びであるのですが、楽しんで精神を統一して行うと共に、手放すための意識の進化と気づきが必要です。

なぜなら、あなたが楽しめば、同じような波動を持った人が集まり、可能性が広がります。良い出会いにも恵まれ、さらに段階を経た学びを進化させ究極の進化に向かいます。それは心の願いから魂の願いに進化していくプロセスです。

つまり、**魂を磨いて心の執着を取る生き方、本質のパワーと智慧へと向かうことができるのです。それはただお金をつかうのとはまったく反対のベクトルをつかっていく生き方です。**自分のことばかり考えている生き方から宇宙的な愛を育む生き方に変えていくことです。他者に親切にし、執着を捨てて、「もともとあったところ」に捧げていくのです。

お布施し、寄付をすることで執着を取り除くことができるのです。それが捧げる生き方であり、人のためにお金を使うことがとても良いことなのです。

といっても、自分の子どもや親しい友人におこづかいをあげるというようなことではありません。それでは依存をつくることになります。そうではなく、ほんとうに困っている人に、その人の依存にならないように間接的に、見返りを求めず、経済的な支援をすること、さらに精神的に多くの人をほんとうに救っている「真理の会」などにお布施と寄付をすることです。それはつまり神に捧げていくということです。

お布施や寄付をするのは、人から「あの人は偉い」と言われたり、優越感を得るためではありません。見返りを期待しない、無償の愛で行うのです。

いわば隠れた善行です。お布施や寄付は、売名行為などエゴから発生する偽善的な行為になってしまわないよう、人知れず行うものです。

お布施や寄付というと、誰かにプレゼントをあげるような気分の方がいるかもしれませんが、それも違います。

お金を差し出すことは、自分の心を浄化し、執着を落とさせていただくことです。自分自身の救済なのです。

だからこそ、お金を差し出すことで自分の魂が喜び、進化していくことができるのです。

お布施や寄付は、最も高い功徳を積む善行になります。

ちなみに、お布施の形態には、「法施」と「物施」があります。

「法施」は、悟ったあと、人々を真理に導く善行をすることです。

「物施」はお金やものを捧げることです。これは社会の中で仕事を行い、その見返りをもらっている人が行う布施です。社会の中で仕事を行い、ものやお金をいただくことは、執着をつくり続けカルマとなります。その執着を取っていくためにお布施を行うのです。祈りと瞑想の神殿の建立などへの寄付は、最高の善行になります。

そしてさらに、前述した通り、人を救済するための行動をする「奉仕」のお布施があります。

これらの行為が魂に出会っていく生き方であると同時に、ほんとうの意味で魂が喜ぶ生き方なのです。

与えることは、魂のミッション。
与えれば与えるほど、
深い喜びに満たされるのです。

「サマディ」について、改めてお話しさせていただきます。

究極のサマディは、人の意識の究極のステージであり、「真の解脱《げだつ》」「究極の悟り」ともいわれるものです。サマディには体と心のサマディ、神との究極のサマディと、いくつかの段階があります。究極のサマディは、心を浄め体を浄めて、心を越え、体を越え、死を越え、すべての創造の源である存在・神と一体となるのです。それは、キリストやブッダが到達した境地です。

私は、ヒマラヤでの過酷な修行を経て、この究極のサマディに達し、シッダーマスター（ヒマラヤの偉大な大聖者）の称号をいただきました。現在、世界に二人しかいないシッダーマスターの一人です。サマディに達したヒマラヤ聖者はシッダーマスターであり、その祝福は「アヌグラハ」です。

アヌグラハは、カルマのすべてを浄化し、人々を変容させるシッダーマスターを通しての神の恩寵（恵み・慈しみ）、神秘のエネルギーです。私の教えのすべてには、このアヌグラハがあるのです。

過去20年以上にわたり、現在にいたるまで、私はこのアヌグラハの祝福と共に、秘法を世界中の多くの人々に与え続けてきました。ディクシャやダルシャン（謁見）で私のエネルギーを差し上げ、人のカルマを吸い取るのです。それは、私の命を捧げることなのです。

深い真理を知り修行をしないと、回復ができず病気になって命を縮めることになり、サマディに達していても危険です。それでもなお私が行うのは、一人でも多くの方にヒマラヤの真理を伝え、意識を進化させ、ほんとうの幸せを実感していただきたいと強く願う愛からなのです。

ディクシャはマスターとの縁を結び、恩恵を受けることであり、決してそれを冒涜《ぼうとく》しないで感謝を持って続けていただきたいのです。ときに「猫に小判」のことがあるかもしれません。カルマの曇りで、高次元の存在や見えないエネルギーの価値がわからず理解できるのに時間がかかることもあるからです。

しかし、信頼して浄めの修行をしていくことに尊い意味があるのです。車の運転のように、免許の取りたてのときは心地よく運転できません。練習が必要なのです。それと同じように、いただいたエネルギーを感じ取り、信頼によって祝福を受けるには、さらに浄める修行が必要なのです。

　ここまで、捧げる、あるいは与えるというテーマで書き進めてきましたが、**与えることは、すべての人々が、正しく本来の姿に戻るのに必要な善行なのです**。それは真理であるからです。

　私が究極のサマディを完成したあとのある日、私のマスター（師）であるヒマラヤの大聖者ハリババジから「日本へ行って真理と平和を伝えなさい。多くの人を苦しみから救いなさい」というお言葉をいただいたのを機に、私はインドから日本へ帰国し、今度は東京で熱心な会員さんのサポートを得て、瞑想道場を建ててみなさんに寄付をしました。

　聖者からのプレゼントは祝福です。それは人を救う最も大きな布施なのです。私はみなさんに愛とアヌグラハの祝福を差し上げています。さらに真理に導き、意識を進化させ幸福になれるディクシャを与え続けています。さらに、成功と悟りの道を示し、最高の進化のための瞑想と悟りへの合宿を行っています。

　また、本も真理の言葉をちりばめ、書き表す私の法施になります。さらに多くの人にヒマラヤのメッセージを届けています。

私は、インドでもアヌグラハの祝福を行っています。また、インドに修行で訪れていた当初から聖者や出家修行僧たちへの布施や、アシュラム（寺院）や病院の建設のための寄付、救急車や車椅子などの寄贈をさせていただきました。

また、ネパールでも病院への寄付を行っています。アメリカやヨーロッパでも、真理を伝える活動を無償で行い、法施とさまざまな寄付をしています。

昨今は、国連で最高の教えとして認められ、人々の意識を進化させて救うための仕事をチャリティで行っています。またインドでは病院の建設、あるいはカレッジの建設運営を含む、さまざまなチャリティ活動を行い、布施を行っています。

こんなふうにお話ししますと、高慢に聞こえるかもしれませんが、今の私はこうした捧げる人生に大きな喜びを感じています。与える人生が当たり前になっています。

これらの行為は、私を愛と平和に満たしてくれるのです。神の慈愛をいただきながらご奉仕できるので、エネルギーが枯渇しないのです。**そして素直な気持ちで与える生き方を実践してみてください。**

あなたも、あなたの内側にある神を信じましょう。

同じことでも心の欲から、エゴからやれば、エネルギーが奪われ消耗してしまいます。でも、執着を手放し、無垢《むく》な自分となって無償の愛で、慈愛から人に尽くし、捧げるのであれば結果は違ってきます。

これまで味わったことのないような癒やしと幸福感が訪れることでしょう。そして、次々とあなたに新しい人生の扉が開かれていくのです。

このように**人の真の人生は、奉仕をすること、布施をすること、修行をすること、この三つの働きで成り立つのです。**もともと素直で良いカルマの人は、すぐさま無償の愛で奉仕をはじめて人を助けます。また、経済的に豊かな人、働いている人は、ドネーション（寄付）を捧げます。神からの祝福を受けて、カルマが浄められます。心の執着の強い人は苦行をして、カルマを根絶し、世界を平和にしていきます。

あなたの与える生き方が、
世界を平和と至福に導きます。

あなたが愛を差し出し、与える生き方を実践することで、助け合いの世の中となり、愛があふれ、社会が、世界が変わっていくのです。

そして、それはやがて世界中の人々の幸せと平和につながっていくことでしょう。**こうした人を助ける生き方をみんながめざせば、世界が平和になっていくのです。**それが真の成長なのです。

世界中に飢餓や貧困、テロや戦争がはびこる中、一人でも多くの方がこの新しい生き方に目覚めてくださることを願っています。セルフィッシュな生き方から、人を思いやる生き方に変わっていくのです。

そうした、お互いが助け合える世の中になることが大切です。愛を分かち合い、平和を分かち合うのです。

人のために祈り、瞑想を行います。それは、自分のカルマが浄まるばかりではなく、家族を救い、また先祖を浄め、まわりの人と社会を浄めていくことになるのです。

人間の計り知れない可能性を正しい方向に向けます。つねにカルマを積む生き方から、愛をつかい、感謝をつかい、カルマを浄化し、良いエネルギーをシェアする、そして、とらわれのない、無限の存在にサレンダー（お任せ）する生き方を進めていくのです。

そして、〈ほんとうの自分〉、創造の源を信じ、内側を目覚めさせ、心を浄化し内側を整えてパワーを引き出すヒマラヤ・シッダー瞑想を行い、〈ほんとうの自分〉に出会っていくのです。それが人生のほんとうの生き方なのです。

もちろん、それぞれのカルマの願いがあります。それを昇華しながらこの世に役に立つものをつくったり、サービスを行います。それにプラスしてカルマの浄化としての善行をするとよいのです。

私のサマディの智慧によって伝えるヒマラヤ秘教の教えは、実際に意識の進化をはかり、悟りにガイドしてくれる、類を見ない最高の教えです。その教えに今生で出会えるのは稀有《けう》なことなのです。それにより、精神の統一を学び、信頼を学び、慈しみの愛を育み、智慧を磨きます。

また、この肉体と心を正しくつかうことで、良いカルマを積んで、気づきを深め、悪いカルマを積まない生き方、解放する生き方を学んでいくのです。

たとえば、あなたが誰かを助けることで、その人を生かしていく。そのことにより、その人も愛の人になり、捧げる人になります、その人も神に向かう生き方につなげることができるのです。

欲のために体と心をゴミで汚す生き方から、カルマを浄め、神を信じ神に向かう手助けをするのです。

あなたがまわりを助けていくことで、よりまわりのサポートをいただくことができ、願いが叶い、さらに進化していくことができます。新しい生き方を進めることは、あなたの幸せのみではなく、みんなの幸せにつながります。それが魂の望んでいることなのです。

さらに、ヒマラヤ聖者の波動につながると、あなたの人生は安全に守られ、そして価値ある生き方をしていくことができます。ディクシャで高次元のエネルギーをいただいて浄めることで、一気にスピリチュアルな愛に目覚めた人に生まれ変われるのです。それは奇跡です。

おわりに

こんな時代だからこそ活かされるヒマラヤ聖者の智慧

私がヒマラヤ聖者として厳しい修行を続けてきたインドは、今、目覚ましい発展を遂げて、経済が活性化していっています。一般的にはいまだに豊かとはいえなくても、行き交う人々の顔は皆、輝いています。

澄んだ瞳、屈託のない微笑み。平和で満ち足りた表情をしています。

それは、彼らが信じ与える生き方をしているからではないでしょうか。

つねに大きな愛の中で生かされていることへの感謝を、大いなる存在に捧げています。神を尊び、神や自然に畏敬の念を捧げていく信じる心があります。

そんな与える心が生む純粋な幸福感を、日本で生きるみなさまにもぜひ知っていただけたらと、本書を書かせていただきました。

良い行いをすれば、必ず良いものが返ってきます。それはカルマの法則です。つまり、良い結果の実りをもたらすように、あなたの中にカルマの良い種を植えて、それを育んでいけばいいのです。その種はやがて大輪の美しい花を咲かせるという、良い実を結ぶのです。そしてまた、良い種を生み出すのです。さらにそれを越える修行が真理への道です。人は、それによって自分の人生を思うがままにつくり上げることができるのです。

人は、神からすべての恵みをいただいています。しかし、それを知らず、欲望で心を曇らせています。神に愛を捧げ、神と一体になっていきましょう。

一方で、カルマのある同士の人間関係は、与え、また与え返してもらうギブアンドテイクの関係です。この横の人間関係は、お互いに尊敬し合い、相手の中に純粋性を見ます。

さらにその関係を、カルマを浄化する関係にするには、もらうばかりでなく、神につながり、神からの愛を受けて、まわりに慈愛と敬意と感謝を捧げていきます。ただ与えるのではなく、執着をしない、依存をしないやり取りにします。無心で、無執着で、豊かさを施し、分かち合い、さらに成長しましょう。無限の存在に与えることは、あなたの何かが減ることではなく、満たされるのです。逆に、無限の存在、神からの限りない祝福をいただけるのです。

ふと直感が働いて、この本を手にしてくださったあなた。

これは、あなたの人生が変わりはじめるサインかもしれません。

よろしければ、ぜひ私の道場へおこしください。そして瞑想をはじめてください。あなたの奥深くに眠る神秘の力を信じ、そこからの恵みを引き出して自由に生きていきましょう。

私がそこにつなげる橋となります。それは私が神秘の力を体験したからです。心身を浄めつくし、死を体験し、心は何であるか、神は何であるかの真理を悟ったことで、どのような行いをしたらいいかがわかったのです。

でもそれがわかっても、あなたが奥深くの〈ほんとうの自分〉を信じ、その神秘の力に直接につながらないと、つねにカルマに翻弄されていくのです。それを断ち切らせるのが、シッダーマスターのアヌグラハの細やかな祝福の波動です。

あなたをほんとうの幸せへの道にガイドします。そして、さらに神秘の力を引き出していく瞑想の秘法を伝授します。

あなたを〈ほんとうの自分〉につなげ、祝福が得られる回路をつくります。

あなたには、より美しい人生を花開かせていただきたいのです。

最後までお付き合いいただき、ありがとうございました。

あなたに真の安らぎと最高の幸せが訪れますように。

ヨグマタ　相川圭子

ヨグマタ

相川圭子（あいかわけいこ）

女性で史上初めて「究極のサマディ（悟り）」に達したインド政府公認のシッダーマスター（サマディヨギ／ヒマラヤ大聖者）。現在、会うことのできる世界でたった2人のシッダーマスターのうちのひとり。仏教やキリスト教の源流である5000年の伝統を持つヒマラヤ秘教の正統な継承者。1986年、伝説の大聖者ハリババジに邂逅。標高5000メートルを超えるヒマラヤの秘境で、死を超える究極のサマディ修行を成就。神我一如に何日もとどまる「最終段階のサマディ」に到達、究極の真理を悟る。その後1991～2007年のあいだ、計18回、インド各地で世界平和と真理の証明のための公開サマディを行い、その偉業はインド中の尊敬を集めた。2007年、インド最大の霊性修行の協会「ジュナ・アカラ」より、最高指導者の称号「マハ・マンダレシュワリ（大僧正）」を授かる。日本をはじめ欧米などで法話と祝福を与え、宇宙的愛と叡智をシェア。サマディからの高次元のエネルギーと瞑想秘法を伝授、指導。日本では真の幸せと悟りのための各種研修と瞑想合宿を開催し、人々の意識の進化と能力開発をガイドする。2016年6月と10月、「国際ヨガデー」と関連して国連で開かれたイベントで主賓としてスピーチを行う。そして2017年5月には「アースデー」を祝う国際会議にメインスピーカーとして招かれ、再び国連へ。著書は、『ヒマラヤ大聖者の人生を変える瞑想』（宝島社）、『ヒマラヤ大聖者 愛の般若心経』（さくら舎）、『心を手放す ヒマラヤ大聖者の人生を照らす言葉』（大和書房）、『ヒマラヤ聖者のいまを生きる知恵』（PHP文庫）、『ヒマラヤ大聖者のマインドフルネス』（幻冬舎）、『八正道』（河出書房新社）、『The Road to Enlightenment: Finding the Way Through Yoga Teachings and Meditation』（講談社USA）など多数。ほかにNHK・CDセレクション『ラジオ深夜便 ヨガと瞑想の極致を求めて』などがある。

〈問い合わせ先〉
ヨグマタ相川圭子主宰　サイエンス・オブ・エンライトメント
TEL：03-5773-9870（平日10時～20時）
FAX：03-3710-2016（24時間受付）
ヨグマタ相川圭子公式ホームページ　http://www.science.ne.jp/

ヒマラヤ大聖者の幸運を呼ぶ生き方
「与える人」が最も豊かになる

2017年9月25日　第1版第1刷
2024年5月21日　第1版第4刷

著　者　　相川圭子
発行者　　伊藤岳人
発行所　　株式会社廣済堂出版
〒101-0052
東京都千代田区神田小川町2-3-13 M&Cビル7F
電話 03-6703-0964（編集） 03-6703-0962（販売）
Fax 03-6703-0963（販売）
振替 00180-0-164137
https://www.kosaido-pub.co.jp/

印刷・製本　　三松堂株式会社

ブックデザイン　　小口翔平＋三森健太（tobufune）
編集協力　　金原みはる
編集　　伊藤岳人（廣済堂出版）
本文DTP　　株式会社三協美術

ISBN978-4-331-52124-3 C0095
©2017 Keiko Aikawa　Printed in Japan
定価はカバーに表示してあります。
落丁・乱丁本はお取り替えいたします。